家を買うときに「お金で損したくない人」が読む本

家と住宅ローンの専門家
公認会計士
千日太郎

日本実業出版社

はじめに

「家を買う」ためには、多くの人にとって年収の何倍にもなる、見たことのないような金額が必要です。そして、住宅ローンの期間は、自分の年齢と同じくらいの未知の期間です。

そうした意思決定をサポートするのにファイナンシャル・プランナーなどの専門家が利用する手法は、私の専門分野である会計を利用したものです。

私は長年のあいだ、大手の監査法人で公認会計士として大企業の監査や自治体のコンサルにかかわってきました。専門家であるからこそ、会計（数字）の限界を知っています。そして、数字には人の判断を狂わせる魔力があります。

・自分にこの家が買えるのか？
・頭金はいくら必要で、どんな住宅ローンを組むのがいいか？
・家を買ったあと、もしものことがあったらどうすればいいのか？

これらの問題に対して、妥協して家を買ってはいけません。これらは割と簡単に数字で出すことができます。**世の中に出ている手法は、会計を使ったタダの数字の出し方に終始している**のです。多くの専門家は、それを何となくわかっていながら、見て見ぬふりをしています。

私自身が家を買ったときにも、自分のことであるにもかかわらず、そうしたことに目をつぶって、ないしは気づくことなく購入し、あとになってから失敗したなと思うことしきりです。

本書は、**今まで誰も書かなかった数字の向こうにある本質**をつまびらかにしています。それは、私が長年に渡って会計の専門家として数字にこだわり、その魔力と格闘してきたからこそ書けることだと思っています。

これから私たちを待っているのは**少子高齢化社会**です。人口が戦争や災害などの原因ではなく自然に減少していく、というのは**人類が今まで経験したことのないこと**です。
そんな環境下で、どうやって自分や家族を守るのか？
どうすれば無理なく自分の家を持ち、子どもを育て、安心できる老後を迎えられるのか？

この本では、まだ正解のない問いに正面から答えることをめざしました。**今まで多くの専門家が見て見ぬふりをしてきた、不動産会社や銀行があえて語らない、本当の家の買い方、住宅ローンの選び方**を、あますところなく紹介していきます。

大げさな話ではなく、**知らないというだけで５００万円くらいは損をする**こともあります。知るべきことを知らずに購入することで、失った利益は不動産会社や銀行の懐に入っていきます。そのツケを払うのは自分自身、知らなかったではすまされないのです。

「これは私にしか書けないことだ」ということが執筆の原動力です。本書が、マイホームの計画を立てるみなさまのコンパスとなることを、心から願っています。

目次　家を買うときに「お金で損したくない人」が読む本

はじめに

第1章　「家を買う」ときに後悔しないための心構え

1 初心者が百戦錬磨のプロと契約する「二人三脚」という落とし穴 …… 12
2 「家は人生最大の〝買い物〟」という落とし穴 …… 15
3 「賃貸か持家か？」は永遠のテーマなどではない …… 19
4 「タラレバ」という落とし穴 …… 27
5 「家を買うとは？」という質問に答えられますか？ …… 31

第2章　自分はいくらの家が買えるのかを知る

1　「家賃程度の支払いで新築マンションが手に入る」のウソ……34
2　「年収」だけでは測れない購入できる家の値段……39
3　なぜ、「ボーナス払い」がダメなのか？……45
4　「退職金で完済する」は老後破産の危険大！……50

第3章　価値の下がらない物件の選び方と営業マンとの交渉術

1　理想の家にたどり着くための「地図」と「コンパス」……54
2　営業マンとのつき合い方、悪徳業者の見破り方……60

3 価値の下がるエリアを事前にチェックする方法 …… 66
4 「新築マンション」のモデルルーム見学で注意すべきこと …… 70
5 「中古住宅」を購入するときの注意点 …… 78
6 「リノベーション」向き中古マンションの選び方 …… 88
7 「注文住宅」を建てるときの業者選びの心構え …… 96
8 「値引き交渉」のコツと必殺のトーク法 …… 101

第4章 金利動向に左右されない住宅ローンの組み方

1 そもそも「住宅ローン」とは何か？ …… 108
2 変動金利の上昇リスクに備える「2つの4」 …… 128

3 固定金利は結果的に「割安」になる 135
4 当初固定金利は一定期間後、少し高めの変動金利になる 142
5 金融情勢が不安定なときは？ 148
6 「元利均等返済」と「元金均等返済」ではどっちが得か？ 150
7 「ペアローン」「収入合算」のメリットとデメリット 154
8 注文住宅を建てるときは「つなぎ融資」か「分割融資」が必要 159

第5章 万が一に備えるための保険に何を求めるか？

1 一家の大黒柱が倒れたら？ 地震や火事になったら？ 164
2 団信は「債権者が債務者の生命にかける生命保険」 174

3 団信に「疾病保障特約」をつけたほうがいいのか？……178
4 社会インフラのセーフティーネット「地震保険」は必ず入るべき！……186

第6章 知っていると500万円得する「節税」と「補助金」

1 「住宅ローン控除」は利息を国が肩代わりしてくれるお得な制度……194
2 住宅ローン控除を受けられる間は繰り上げ返済しない……202
3 親からの資金援助を利用して賢く家を買う方法……215
4 「フラット35」の金利引き下げ制度を利用して固定金利を大幅に引き下げる……221
5 知らなければ、申請しなければもらえない「すまい給付金」「自治体の補助金」……227

第7章 「住宅ローン無料相談ドットコム」に寄せられた相談実例

Case-1 30代 共働き頭金ゼロのペアローン……233
Case-2 30代 年収の10倍の家を買う……237
Case-3 40代 公務員の住宅ローン……241
Case-4 40代 10歳以上年の差夫婦共働き……245
Case-5 50代からスタートする住宅ローン……249

おわりに

カバーデザイン 井上新八
本文デザイン・DTP 浅井寛子

第1章

「家を買う」ときに
後悔しないための心構え

1

初心者が百戦錬磨のプロと契約する「二人三脚」という落とし穴

物件選びと同じくらい重要な「取引相手」の選び方

マイホームを購入する際には、不動産会社の営業マンという百戦錬磨のプロを相手に、初心者がいきなり人生最大の取引をしていきます。初心者ですから、目の前にいる営業マンを頼りにして当然です。少なくとも、自分よりもはるかにいろいろな物件を知り、数々の購入事例を見てきている人たちなので、味方につけられたらこれほど心強いことはありません。

しかし、**不動産会社の営業マンは私たちの味方ではありません。ですが、かといって敵でもありません。「取引相手」なのです。**

私たちがこれから購入するマイホームは、その後何十年に渡って自分と家族の人生を守るためのものです。プロから適切な助言を受けられるに越したことはありません。

図1-1　二人三脚でも利害は一致しない

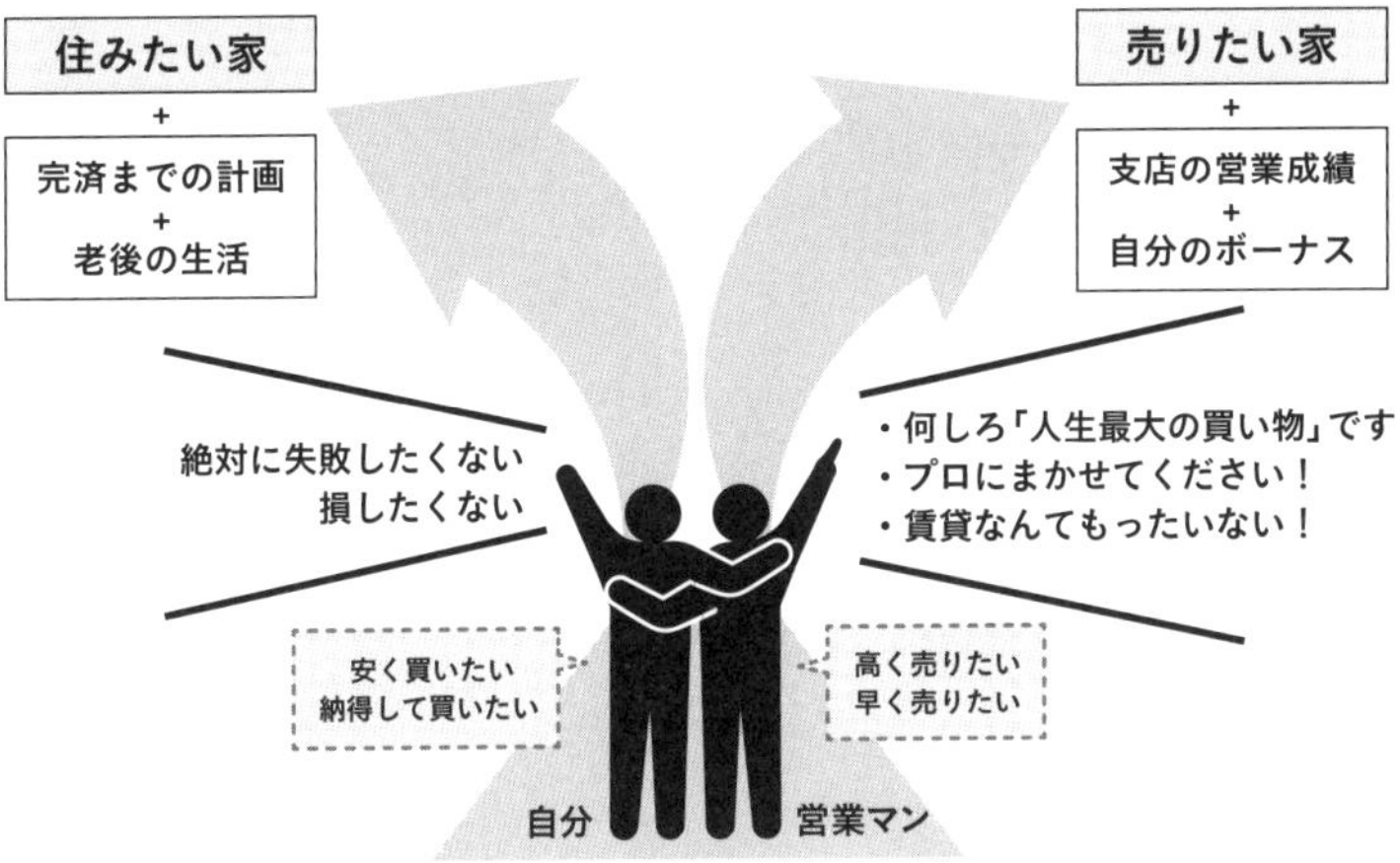

しかし、営業マンは家を売るまでが仕事なのです。

「お客様に寄り添い、二人三脚で物件選びをサポートします」

これは、よく聞くキャッチコピーですが、真に受けてはいけません。彼らが私たちに寄り添うのは、商品を売るためです。私たちと利害が一致するのは、たまたま私たちが買いたい家と、彼らが売りたい家が一致したときだけです。それ以外の利害はことごとく相反します（図1－1）。

こうして見れば当り前のことですが、いざその場になるとこれらのことを忘れてしまう人がほとんどなのです。

少しでも「おかしい」と思ったら立ち止まる

私が住宅ローンの相談を受けていて感じるのは、タチの悪い営業マンにあたってしまった相談者ほど、その営業マンを擁護する傾向があることです。

「人生で一度きりの大きな取引に絶対に失敗したくない」

その思いが強いほど、目の前にいる営業マンを頼るようになり、二人三脚の紐を外せないという心境に陥ってしまうのです。相手が転んだら自分も転んでしまう運命共同体のような状態です。「営業マンの進め方がちょっと早すぎるな」「無理な方向に行っているな」と思っても、合わせざるを得ない心理状態になってしまうのです。

少しでも気持ちの中に「マズいな」「おかしいな」と引っかかりを感じたら、立ち止まり、二人三脚の紐を外す勇気を持ってください。

2
「家は人生最大の〝買い物〟」という落とし穴

不動産に掘り出し物はありません

「家は人生最大の買い物」とよくいわれますが、「買い物」という比喩表現には、ついハマってしまう落とし穴があります。

家を「買い物」と考えてもいい人は、一握りの億万長者だけです。例えば、私たちが犬小屋や物置を買うのと同じような感覚で不動産を購入できる人です。そういう人たちにとっては、普段の買い物と同じ感覚で家を購入しても何の問題もありません。

しかし、多くの人たちは違います。物置を買うのと家を買うのとは、まったく次元の違う行為であるはずです。だとすれば、次のことがいえるはずです。

「買い物の判断のものさしを、そのまま家の購入に持ち込んではいけない」

マイホームの購入は、今までの「買い物」とは似て非なるものだということを深く心に刻んでおかなければ、重要なところで判断を誤ります。

しかし、家を供給する側にとっては、まぎれもなく家は「売り物」です。他の買い物と同じく、お金を払いさえすれば買えるのが家であり、家を供給する側にとってお金を払える人が客なのです。

そして「家は人生最大の買い物」というキャッチフレーズは、私たちをある単一の判断基準に誘導します。それは、「損か得か」です。

「営業マンにとって売りたい物件」を買わされる!?

こうした一見客観的な基準で商品を決めてもらうことが、売り手にとっては好都合です。「お得な情報」「掘り出し物」などがキーワードです。

では買い物でなければ何なのか？　それは、「人生のプロジェクト」です。

マイホームは生活の基盤となり、家族の人生の容れ物ですが、住宅ローンの支払いを継続できて、はじめて維持することができるのです。この点では持家も、賃貸も何ら変わりません。

損得に支配されてしまうと、営業マンにコントロールされやすくなります。目の前の家が、「もう二度と出ないかもしれない、早い者勝ちの超お買い得な物件」であるといわれたら、どうでしょうか？

もう、その家を買わない理由はなくなってしまうのです。「掘り出し物だ」といわれた物件が迷っている間に横から売れてしまう、ということはよくあることですが、これも落とし穴です。損得勘定に染められた脳は、「先を越された！」と感じるのです。

畳みかけるように、営業マンはいいます。

「超レアな優良物件でしたから、すぐ売れちゃいましたね……」

この言葉は私たちの頭にこう響きます。

「**私のいう通りにすぐ契約しないから、ライバルに先を越されたんですよ**」

こうなると、次に「掘り出し物が出ました！」といわれたら、急いで契約してしまうことになります。売れてしまった物件は流通市場から消えます。その物件が本当に何の欠陥もなく、優良な物件であったのかどうか、もう誰にもわからないので、それこそいいたい放題なのです。

不動産に「掘り出し物」などありません。すべて価格に反映されているのです。相手は損得勘定で私たちを誘導しようとします。わざとそうしているというより、彼らは商売としてやっているので、損得勘定の物差しで話をするのは至極自然なことなのです。

私たちが持つべきなのは、住宅の購入は「人生のプロジェクト」という視点です。そのために、持つべき視点をこれから紹介していきます。

営業マンのいう「良物件」は、彼らにとっていいのか自分にとっていいのか、フィルターをかけて聞く必要があるのです。

3

「賃貸か持家か？」は永遠のテーマなどではない

「賃貸か持家か？」問題は貸借対照表で考えてみる

「賃貸が得か？　持家が得か？」ということもよく相談されます。

本当のところ、損か得かなんて、どっちでもいいのです。大事なことにフォーカスすれば、「賃貸か、持家か」は、それほど重要な問題ではないからです。

賃貸物件に住むというのは、「他人の所有する家に自分と家族が住む」ことを意味します。これに対して持家に住むというのは、「自分の所有する家に自分と家族が住む」ことを意味します。

「賃貸が得か？　持家が得か？」についての答えは「貸借対照表」で表せます。「貸借対照表」というのは、企業の財政状態を表す決算書です（図1－2）。

図1-2　貸借対照表

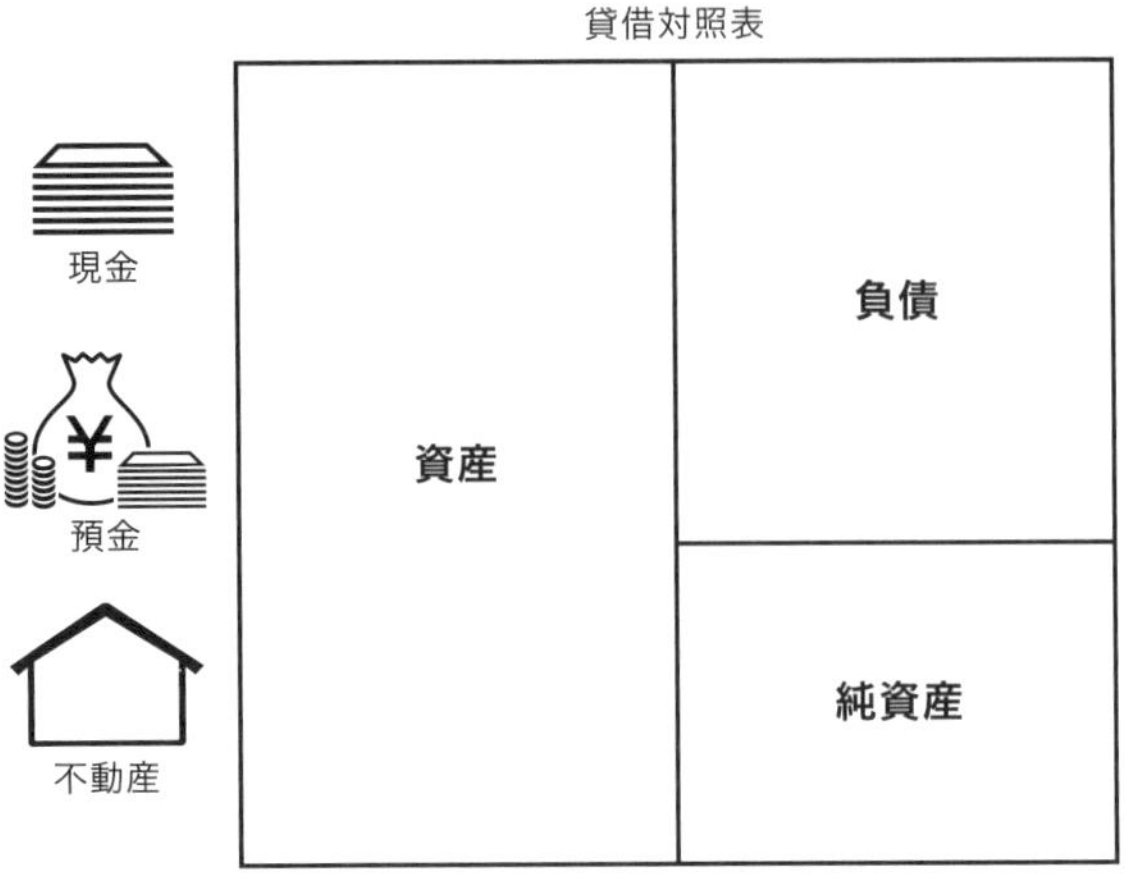

左側の資産は財産です。所有している現金や預金、不動産などです。右側の負債は借金です。住宅ローンなどがそれにあたります。その差額が純資産で、これが厚いと安心です。逆にマイナスになってしまう状態を「債務超過」といい、会社であれば倒産してしまいます。賃貸物件に住むということは、「他人の貸借対照表の資産に対して使用料を払う」ということです。

賃貸物件に住む＝必要経費＋αを支払う

賃貸物件に住むことについて、貸借対照表も用いながら掘り下げていきま

図1-3　賃貸物件は他人の貸借対照表の資産を借りていることと同じ

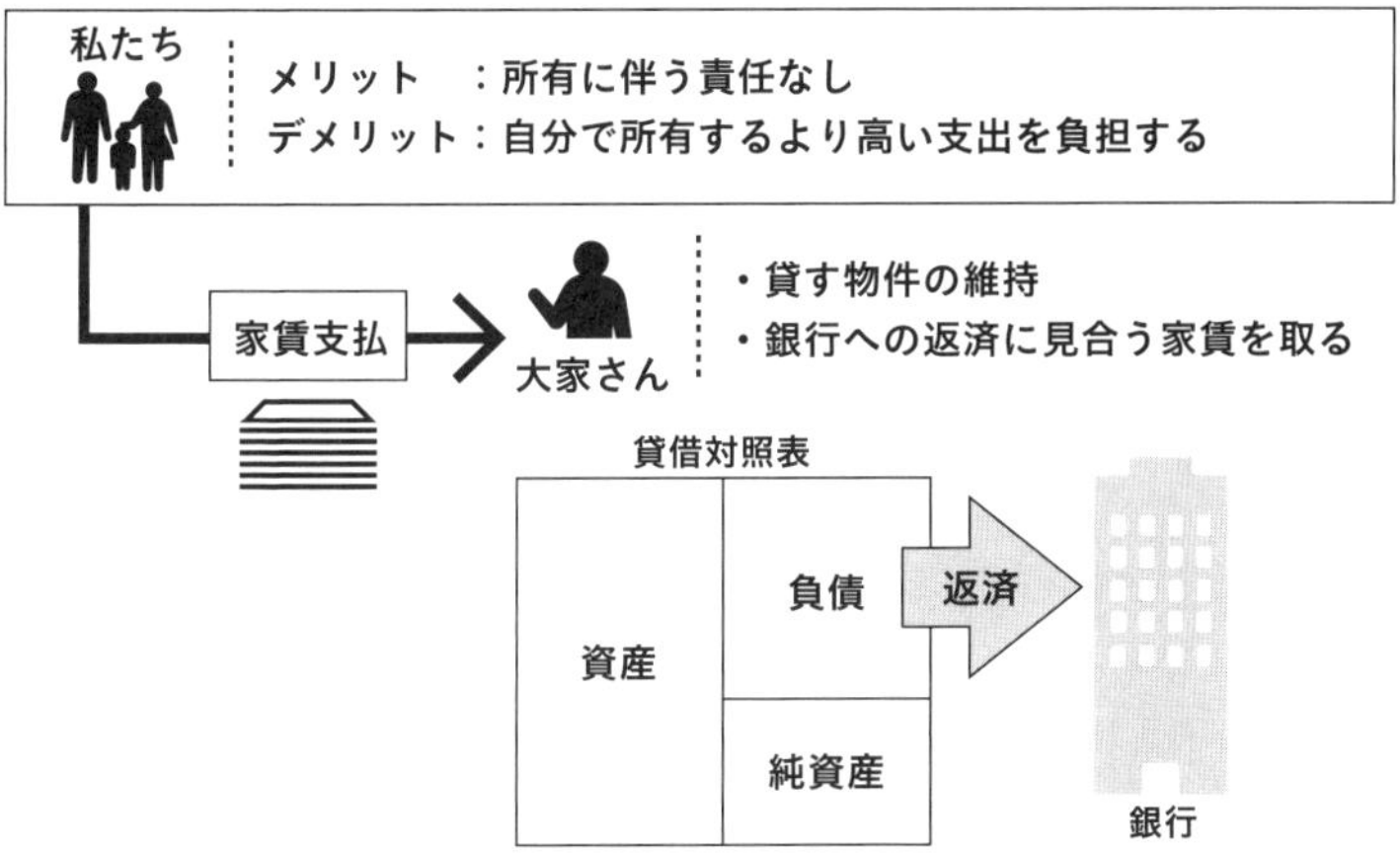

す。

不動産賃貸業は、銀行から融資を受けて不動産を購入し、それを他人に貸してその家賃で銀行のローンを返済していくというビジネスモデルです。

部屋を借りる人がいなくなれば、家賃収入がなくなります。そうなったら銀行への返済ができなくなるので、大家さんも楽ではないのです。

ですから、部屋を借りる人たちは、自分の満足のいく立地と間取りで、最も安い家賃の物件に入居すればいいのです。そして、嫌になればいつでも出ていけばいいため、大変気楽です。

しかし、図1－3をよく見てくださ

い。支払う家賃は、大家さんが銀行から借りた借入金の返済プラス大家さんの取り分にあてられます。家の修繕や投資についても、元をたどれば借りた人が支払う家賃から賄われています。目に見えないだけで、**経済的な実態としては、その賃貸物件を購入して維持するのに必要な費用プラスαを「外見的には家賃」という形で支出しているのです。**

賃貸のメリットとデメリットを挙げるとすれば、次のようになります。

☑賃貸のメリットとデメリット

・メリット：所有に伴う責任から自由でいられる。
・デメリット：自分で所有するより高い支出を負担する。

この両面を理解する必要があります。例えば、病気によるアクシデントで家賃が払えなくなれば、即出ていかなければなりません。賃貸物件に住むのは、家族の人生と生活を守るためにその源泉になる「収入」に対して、高いリスクを取るということです。

図1-4　自分の貸借対照表の家に住む

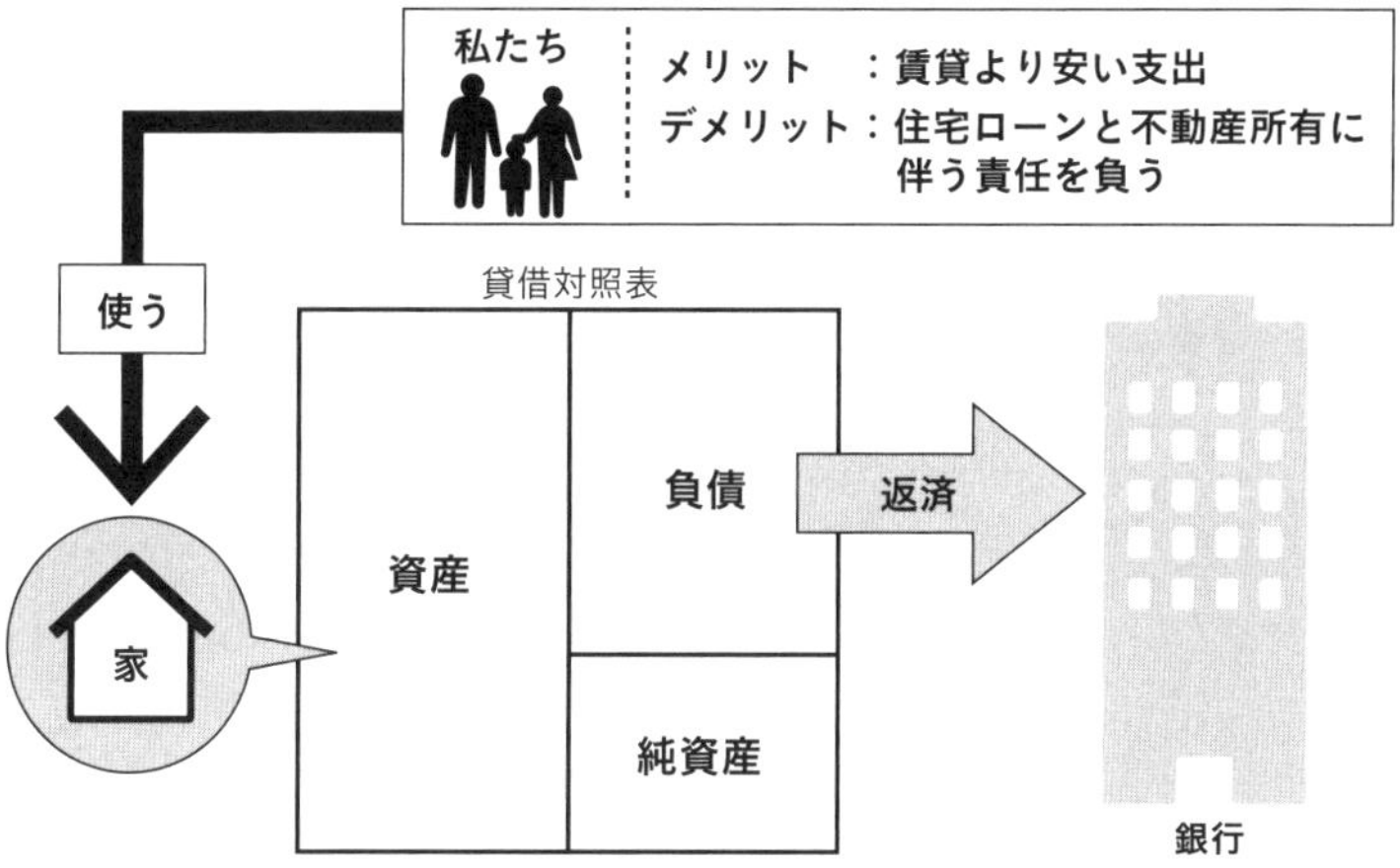

持家に住む＝「自分の貸借対照表を持つ」こと

これに対して持家に住むのは、自分の貸借対照表を持つということです（図1－4）。

持家のメリットとデメリットは、次のようになります。

☑持家のメリットとデメリット

・メリット：賃貸物件に住むより、安い支出の負担ですむ。

・デメリット：住宅ローンの債務と不動産の所有に伴う責任を負う。

「さっきの例でいくと大家さんになる

ということか……」と思うかもしれませんが、似て非なるものです。大家さんのように家賃で入る収入はなく、負債である住宅ローンの支払いは、家賃ではなく給料によって賄われます。

つまり、こうして貸借対照表の図にはしてみたものの、これはもう「この家には住まずに売却してその売却代金で住宅ローンを返済するとしたら？」という「住むことを前提にしていない状況」なのです。こうした状況になったとき、貸借対照表の意味がはじめて出てくるのです。

☑貸借対照表の意味が出てくるとき

・今住んでいる家を売って新しい家に住み替えをする。
・住宅ローンの返済ができなくなったので、やむなく家を手放す。

たとえこの貸借対照表が債務超過になったとしても、**毎月の住宅ローンを払える収入があれば、**そのまま住み続ければいいのです。会社のように倒産したりしません。

「どっちが得か？」の考え方は相手の思うツボ

「住宅ローンで家を購入するということは？」と聞かれたら、私は次のように答えます。

「35年ならば420回、銀行に決まったお金を払うことだよ」

これが正確な定義でないことは、百も承知です。しかし、ほぼすべての人にあてはまる本質です。

自分が420回ノーミスでできることを想像してみてください。よほどハードルが低いものでないと無理ではないでしょうか。


これに失敗すると、どうなるか？　家を売却した代金で住宅ローンの返済にあてることを要求されます。

住宅ローンで家を買うのは、家族の人生と生活を守るために「貯金」という資産と、その源泉になる「収入」に対して、妥協のない意思決定が求められるということです。さらに、仕事をして収入を得られる現役時代だけでなく、リタイア後も生きている限りはどこかに住まなければなりません。それにはお金が必要なのです。

つまり、賃貸物件に住むならば現役のみならず、老後も賃貸物件に住み続けるための、住宅ローンで家を買うなら現役中に420回のミッションを達成して老後に残さないための、妥協のない資金計画が必要だということです。

ここまで読んで、「あれ？　賃貸も持家も同じことをいってるんじゃないか？」と思われるでしょう。そう。同じなのです。**本当に大事なことにフォーカスすれば、持家か賃貸かはさほど重要ではない**。冒頭でいったのは、このことです。

「賃貸か持家か」は、どちらを選べば得というような損得勘定で考えるのではありません。自分が選んだ道で今後、最善の選択をすることのほうがはるかに大事なのです。

4 「タラレバ」という落とし穴

決断を保留させる「タラレバ」の心理

「もし、こうだったら……」「あのとき、こうしていれば……」

このような、いわゆる「タラレバ」には心理的な罠があります。この考え方にとらわれると、多くの人が決断を保留してしまう傾向があるのです。つまり、「あのときこうしていたら……（もっといい家にめぐり会えた）」という後悔をする人は、漏れなく、「もう少し待てば……（もっといい家にめぐり会える）」といった思いに強くとらわれてしまうのです。

「あのときこうしていたら……」と「もう少し待てば……」は、どちらも「if文」です。そして「if＝もしも」は、概念上の世界の話です。現実にはやり直しができないことに対して使われます。

時間は決して巻き戻せません。そして、誰も2通りの人生を同時に生きることはできないのです。その「if」は、現実的に選ぶことができない選択肢や手段です。にもかかわらず、その概念上の選択肢を現実の選択肢に並べてしまっているのはなぜでしょうか。

例えば、旅行の計画を立てるときには、行き先やそこまでの移動手段を考えます。陸路ならば電車やバス、空路ならば飛行機という現実的な手段があります。これは現実に取り得る選択肢です。そのとき、誰も「どこでもドア」や「タイムマシン」を移動の手段として考えません。これらは現実的な手段ではなく、考えるだけ無駄だからです。しかし、マイホームの購入や住宅ローンに関しては、なぜかそういう仮定を持ち出してしまうのです。

「あのとき買っていれば……（または買っていなければ……）」

「あのとき借り換えていれば……（または借り換えてなければ……）」

そして、多くの人は前に進めず、**決断を保留し続けるのです。**

今、この瞬間、すでに家を買うプロジェクトは始動している

家の購入だけでなく、恋愛や職業の選択、結婚、つまり人生にかかわる一大事を前にすると、人はタラレバ思考になって保留してしまいがちです。

決断を保留するというのは、それ自体は悪いことではありません。住まいを選ぶことは人生最大のプロジェクトなので、スパスパ決められるような事柄ではないからです。**「今は決めない」というのもまた、ひとつの決断**だと思います。

しかし、時間の流れを止めることはできません。決断を保留するというのは、言い方を換えれば、時間が経過しても仕方がないということを「決めた」ことになります。

例えば、家を購入するときは、通常は最初に頭金として多額の自己資金が必要です。「今」家を買うかどうかについて保留したとしても、いざ家を買いたいときに頭金の貯蓄ができていないと、その分リスクの高い住宅ローンを組むことになります。

「いつかマイホームを買うための自己資金を貯蓄する」

この決断に保留はありません。そう、今この瞬間も「時」は流れています。家を買っ

て「損か」「得か」が決まるのではなく、買う前からすでに家を買うプロジェクトは始動しているのです。

5

「家を買うとは？」という質問に答えられますか？

損得勘定よりも大事なこと

自分にとって「家を買うとは何か？」。初心者でも百戦錬磨の不動産会社の営業マンと対等以上に渡り合い、後悔のない家を買うには、この質問に正面から向き合う必要があります。

「賃貸か持家のどっちが得か？」という話をしましたが、これは家を売りたい不動産会社の営業マンが、家を買ったほうが得になる計算をして見せて、「ほら、家は買ったほうが得でしょ？」というためのものです。

もちろん、彼らが私たちを陥れることで自分だけが得をしたいと思っているわけではありません（そういう悪徳業者もいますが）。ほとんどの営業マンは、**ただ家を売りたいだけ**です。

不動産（ハード）としての家を手に入れて終わりではない

これから買う家で暮らすのは、その家族です。私たちが買うのは不動産としての家だけでなく、幸せな家族の人生なのです。目には見えませんが、はるかに大事なことです。これを実現するための手段として損得勘定するならいいのです。

しかし、どうしても目に見える損得のほうに心を奪われます。目に見えないものが大事だと頭で理解していても、後まわしにしてしまいがちです。そして、いつのまにか手段と目的がひっくり返ってしまうわけです。

・目的：将来に渡り家族と自分の人生を守ること
・手段：損得勘定

これを肝に銘じておくことが大切です。

つまり、不動産としての家だけでなく、完済までの資金計画、完済後の老後資金の貯蓄、家族と自分の人生を守る計画をも含むものだと、私は考えています。

第2章

自分はいくらの家が買えるのかを知る

1

「家賃程度の支払いで新築マンションが手に入る」のウソ

まずは家の購入にかかる費用を把握する

金利タイプには変動金利と固定金利がありますが、不動産会社のチラシに書かれている毎月の返済額は、すべて「変動金利」を前提にしています。

変動金利とは「銀行が必要に応じて金利を変動させることができる」金利タイプ、固定金利とは「借入期間にわたり金利を固定する」金利タイプです。

今は変動金利が安いので、賃貸物件の家賃相場より安い金額で購入できるかのような錯覚を受けます。カラクリを知っている私ですら、「おっ！」と二度見してしまうチラシが多いです。

しかし、変動金利が安いのは銀行の都合で上げることができるからであり、銀行側が金利を上げるとき、私たちの都合を一切聞いてくれません。加えて、チラシに載らない付随費用もあり、それは決して安いものではありません。**チラシはお客を来店させることまでが目的の「オトリ」なのです。**

付随費用も含めた本当の家の価格とは？

それでは、住宅ローンの返済以外に必要な費用には何があるのでしょうか。次の3つの場面に整理して解説します。

☑住宅ローンの返済以外に必要なお金

①売買契約を結ぶ
②住宅ローンを組む
③その後、家を維持する

「①売買契約を結ぶ」「②住宅ローンを組む」ときにかかる費用は、新築マンションで物件価格の3～5％、それ以外（中古マンション、戸建て、新築戸建てなど）で6～13％が目安です（図2－1参照）。

これだけのお金を自己資金として用意できなければ、スタートラインにすら立てないのです。これらの費用を融資してくれる銀行もありますが、その代わりに金利が高くなります。そうなると、不動産会社のサイトやチラシに出ているような「低金利」で家の購入資金を借りることはできず、返済計画は厳しいものとなってきます。

図2－1、図2－2は、家の購入で発生する費用を列挙したものです。この他、家を購入するまでに「申込証拠金」「手付金」が必要になります。

「申込証拠金」は新築マンションなどの「購入申し込み」時に不動産会社に支払うお金です。

「手付金」は売買契約時に売主に支払うお金で、契約を破棄する場合は返金されない解約手付です。購入代金の5～10％程度が一般的ですが、売主と買主の合意によって決められ、最終的に家の代金にあてられます。

銀行や住宅ローンの金利タイプによって差がつくのは、「融資手数料」と「保証料」です。印紙税と登録免許税は税金ですから、差はつきません。司法書士報酬にはだいたいの相場があります。

図2-1　売買契約を結ぶ際に必要な諸費用

<table>
<tr><th>項目</th><th>計算方法</th><th>物件①</th><th>物件②</th><th>物件③</th></tr>
<tr><td>仲介手数料
(中古や一部の新築戸建ての場合)</td><td>中古物件や一部の新築一戸建てなど、仲介会社を通して物件を購入する場合、仲介会社に払う手数料。「物件価格の3.3％＋6万6000円」が上限。</td><td></td><td></td><td></td></tr>
<tr><td>印紙税</td><td>売買契約書に貼る印紙でその契約価格による。
1000万超　5000万以下：2万円
5000万超　1億円以下：6万円</td><td></td><td></td><td></td></tr>
<tr><td>不動産取得税</td><td>不動産を取得した際に一度だけ払う税金で、原則として土地建物の4％だが軽減措置でゼロ円になる場合もある。</td><td></td><td></td><td></td></tr>
<tr><td>司法書士報酬</td><td>所有権の保存登記を司法書士に代行してもらうための報酬。
所有権保存登記：3万～5万円</td><td></td><td></td><td></td></tr>
<tr><td>登録免許税</td><td>住宅用家屋の軽減税率が適用される間は下記の税率になる。
所有権保存登記：
<table>
<tr><td>種別</td><td>土地</td><td>建物</td></tr>
<tr><td>新築</td><td>0.15％</td><td>0.15％</td></tr>
<tr><td>中古</td><td>0.15％</td><td>0.30％</td></tr>
</table></td><td></td><td></td><td></td></tr>
<tr><td>土地家屋調査士報酬
(新築の場合)</td><td>司法書士による登記と同じタイミングで、司法書士事務所の土地家屋調査士が行うケースが多い。
概算で5万～10万円</td><td></td><td></td><td></td></tr>
<tr><td>合計</td><td></td><td></td><td></td><td></td></tr>
</table>

図2-2　住宅ローンを組む際に必要な諸費用

項目	計算方法	A銀行	B銀行	C銀行
融資手数料	銀行のホームページから情報を入手することができる。 大手銀行：一律33000円（税込）が多い ネット銀行：融資額の2.2%（税込）が多い			
保証料	銀行のホームページや担当者から情報を入手することができる。 大手銀行：保証会社により異なる ネット銀行：ゼロ円であることが多い			
印紙税	住宅ローン契約書に貼る印紙で借入金額による。 1000万超　5000万以下：2万円 5000万超　1億円以下：6万円			
司法書士報酬	抵当権の設定登記を司法書士に代行してもらうための報酬。 抵当権設定登記：3万〜5万円			
登録免許税	住宅用家屋の軽減税率が適用される間は下記の税率になる。 抵当権設定登記：住宅ローン借入額の0.1%			
合計				

家を維持するためにもコストがかかる

さらに発生するお金として、「③その後、家を維持する」があります。家を維持するためのコストとして、「固定資産税および都市計画税」「火災保険料」があります。マンションの場合はさらに管理費と修繕積立金（合わせて2万円前後）が必要です。

これらを合わせると、**マンションならば月平均で3万〜4万円ほどが、ローンの返済額にプラスしてかかる計算です。**

ですから、「家賃を払い続けるより、家を買うほうが安い」とは単純にいい切れないのです。

2

「年収」だけでは測れない購入できる家の値段

「無理なく完済できる住宅ローン」の４つのルール

家の本体価格の他に発生する付随費用があることがわかりました。では、「自分の年収でいくらの家が買えるのか？」が気になると思います。しかし、単純に年収だけでは判断することはできません。

住宅ローンの返済において、次の４つのルールをあてはめると、無理なく返せる金額を計算することができます。

☑「無理なく完済できる住宅ローン」の４つのルール

・ルール① 毎月の返済は「手取り月収の４割以下でボーナス払いなし」
・ルール② 返済額が一定になる「元利均等返済方式」

図2-3　本当の家の値段を知ろう

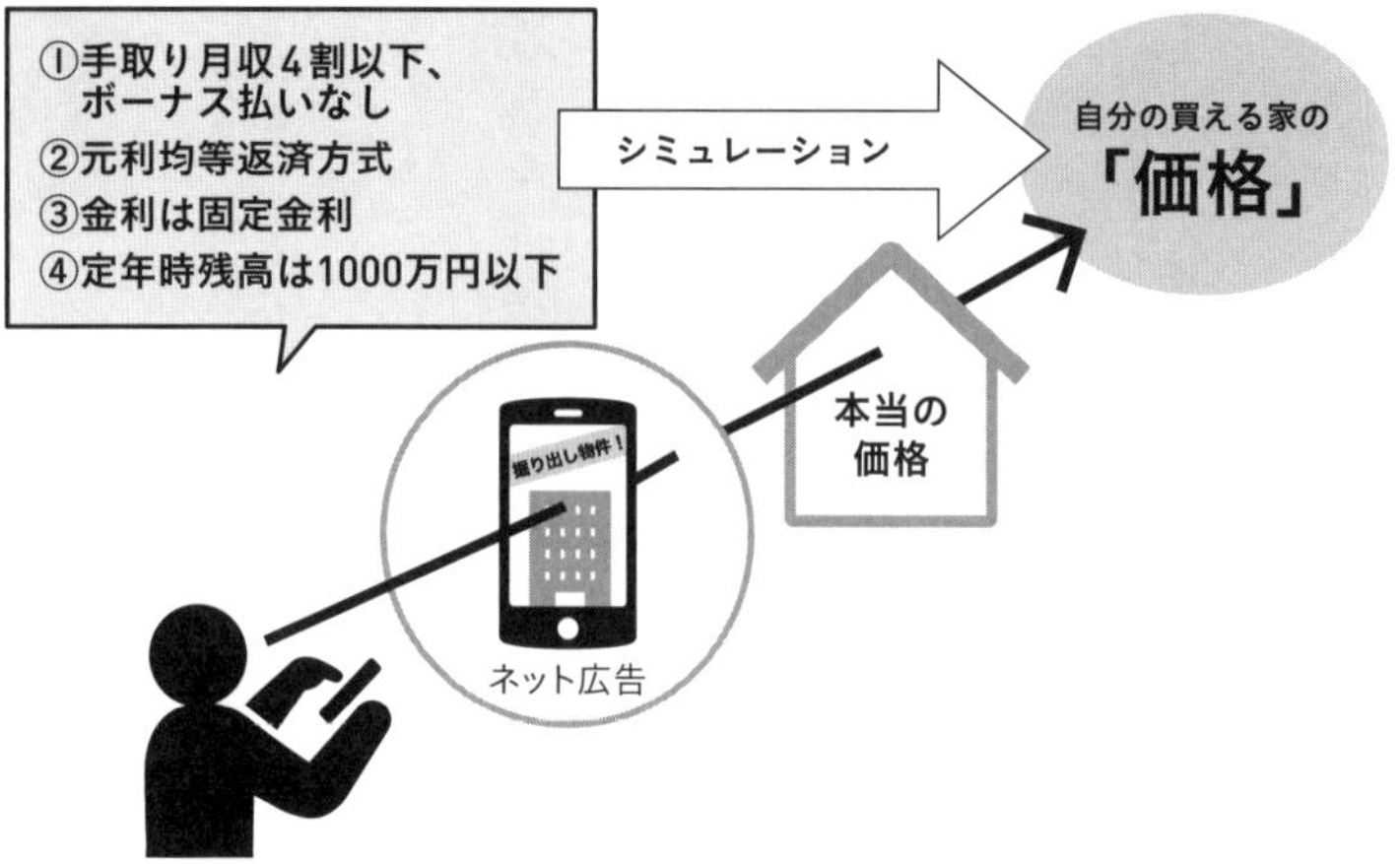

・ルール③ シミュレーションの金利は「固定金利」

・ルール④ 定年時のローン残高は「1000万円以下」

　このルールについて、ひとつずつ説明していきます。

ルール①
毎月の返済は「手取り月収の4割以下でボーナス払いなし」

　銀行が住宅ローン融資の審査で判断する要素に「返済負担率」があります。これは、1年間の返済金額の総額の、税込み年収に対する比率です。次のような計算式で算出できます。

返済負担率＝1年間の返済総額÷額面年収×100

国土交通省が民間金融機関に対して実施した「民間住宅ローンの実態調査（平成30年度）」から、その返済負担率の上限を何パーセントに設定しているかがわかります。

☑返済負担率の上限（**母集団の数1107**）
50％以内：1　**45％以内：40**　40％以内：30　35％以内：39
30％以内：15　20％以内：1　その他：84
※数字は回答している金融機関数

35～45％以内が一番多くなっています。ただし、これはあくまで上限です。**年収が高い人ほどこの割合が高くても返済できますが、本当にギリギリのラインだと思ってください。**

住宅ローンの支払いは月ごとなので、月収、それも手取りの月収をベースに判断する方式がより実践的です。私は平均的な月収を前提として、毎月の返済額を毎月の手取りの月収の4割以下にすることを推奨しています。

手取りの月収の4割というラインでも、人によっては少し厳しい場合もありますが、収入は今後増えていくという前提であれば、4割までと設定していいと思います。賃貸住宅に住んでいるなら、現時点の家賃を目安にするのもいいでしょう。

ルール② 返済額が一定になる「元利均等返済方式」

住宅ローンの支払い方法は「元利均等返済」を推奨します。これは、元本と利息込みで毎月の返済額を均等にする返済方式です。毎月の返済額が一定になるので、**資金計画が立てやすいメリット**があります（150ページで詳述します）。

ルール③ シミュレーションの金利は「固定金利」

住宅ローンは、変動金利のほうが低金利なので、たくさんローンを借りられるように思えます。しかし、変動金利には金利が上昇するというリスクがつきまといます。そのリスクに対しては、貯蓄で対応しなければなりません。そのため私は、変動金利でローンを組む場合、毎月の支払い額の４分の１を貯蓄することを推奨しています。そして、毎月の支払いと貯蓄の合計が、手取り月収の４割以下に抑えられることを最低限の条件とすることもお勧めしています。

これに対して、**固定金利ならば金利の上昇リスクに対して備える必要はありません**。自分がいくらならば無理なく返済できるかをシミュレーションしたいなら、固定金利で計算することをお勧めします。

ルール④ 定年時のローン残高は「１０００万円以下」

35年ローンを組んだ場合、ローン完済より先に定年退職を迎える人が多いはずです。ですから、「60歳または65歳定年時の残高がいくらになるか？」という視点はとても重要です。その金額を定年退職までに繰り上げ返済しないと、現役のうちに住宅ローンが終わらないからです。**定年時の残高が１０００万円を超える住宅ローンは、非常に危険**だといえます。一般的なサラリーマンの給料で１０００万円を貯めるには、相当な年数が必要です。現役時代の貯蓄で住宅ローンを完済し、余剰資金は老後資金にあてるような返済計画を立てる必要があります。

図2-4　60歳定年の人がフルローンで購入できる家の値段

単位（万円）

	月収15万	月収20万	月収25万	月収30万	月収35万	月収40万
25歳	2056	2742	3428	4113	4799	5485
30歳	2056	2742	3428	4113	4799	5485
35歳	2056	2742	3320	3890	4410	4910
40歳	2056	2490	2890	3890	3760	4250
45歳	1815	2155	2470	2870	3130	3510

※前提条件：元利均等返済、ボーナス払いなし、定年60歳、固定金利1.2%

年齢、手取りの月収別でわかる「購入できる家の価格」

①〜④のルールに基づき、60歳定年の人がフルローンで購入できる家の値段を表にしてみました（図2－4）。定年が65歳ならば、自分の年齢よりも5歳若いところを見てください。「この表以上の額の家を購入してはいけないのか？」というと、もちろんそんなことはありません。ただ、その分だけ大きなリスクを負うことになるということです。

そして、このレンジを超えてしまった人が陥りがちな落とし穴が、**ボーナス払いと退職金をアテにした返済計画**なのです。

3

なぜ、「ボーナス払い」がダメなのか？

住宅ローンのボーナス払いはメリットがまったくない！

自分の生涯賃金がいくらなのか、現時点で知ることはできません。今の自分にわかるのは、「現在の収入」、そして「定年退職までの年数」です。

住宅ローンは若いときから返済を開始することで早期に完済することができるため、早くから組むほうが有利といえば有利です。しかし、若いときはまだ頭金を十分に貯めることができていない場合もあります。何より、今後の収入がどうなっていくのかが未知数なので、長期のローンを組むに当たって決断が難しく、しかも、現在の年収は、年齢が若いので低めです。

「今の年収をベースにシミュレーションしたら、返済期間を長く取れても自分のほしい家は買えない……」というジレンマに陥る人が多くいます。そこで考えるのが「ボーナス払いを含めた返済」ですが、私はこれだけはお勧めしません。

ボーナス払いの誤解

住宅ローンの返済にボーナス払いを組み入れるということは、35年間で合計４２０回の支払いに加えて、１年の内に夏と冬の２回の合計70回の支払いを加えることになります。ということは、合計４９０回です。つまり、**難易度が跳ね上がるのです。**

収支の構造的に考えると、次の２つが一番安全です。

☑一番安全なローン返済の考え方

・収入に変動があっても返済は一定にする。
・最も収入の少ない月に合わせて住宅ローンの支払いを決める。

つまり、何もないときに楽ができる資金計画よりも、イレギュラーな出来事やアクシデントに強い資金計画を立てていくのです。

住宅ローンの約定は最後まで変わりませんが、給与規程はけっこう変更になります。

年俸制に変更になったり、毎月均等払いになったりすることもあり得ます。出向や転籍、転職などにより、ボーナスの支給月が変わることだってあるかもしれません。しかし、一度決めた住宅ローンの条件は、最後まで変わりません。

今の自分にとって最適に見える「ボーナス払い」が、今後35年間もずっと最適であり続けるのか？　そういう視点で、再度考えてみてください。

大企業で働いている人ならボーナス払いはあり!?

企業の規模に関係なく、多くの会社は営利企業であり、景気が悪くなって会社が赤字に転落しそうになったら、黒字を維持するために従業員のボーナスの削減を行います。住宅ローンの返済を会社の経営者の立場に立って考えてみてください。35年の住宅ローンの返済を、ボーナスが出る前提で計画するなど、「あり得ない」ことなのです。

たとえ自分が昇進したとしても、会社の経営状態が悪くなればボーナスは出ません。自分だけのがんばりではどうにもならない要素があるのです。

図2-5　年収300万円と400万円の人が住宅ローンを組んだ場合の比較

	年収300万円の人	年収400万円の人
手取月収	15万円	22.5万円
手取り月収の4割 ＜ここが大事！	6万円	9万円
35年で完済できる住宅ローン	2000万円	3000万円

※前提条件：固定金利1.38％

身の丈を超えた家を買ってはいけない？

「ボーナス払いはダメ」と述べてきましたが、「身の丈を超えてはいけない」とは私はいいません。というか、大いにけっこうだと思います。重要なのは、「身の丈より、いくら超えているのか？」、「超えていたら、その分をどうやって払っていくのか」その測定をリアルに行うことです。

図２－５の例で、年収３００万（手取り月収15万円）の人が３０００万円の住宅ローンを組んだ場合、身の丈をいくら超えているでしょうか？

「年収３００万円の人が35年で完済できる住宅ローンは２０００万円までだから、３０００万円の住宅ローンだと１０００万円超えているんでしょ？」というのは違います。大事なのは、「1000万円超

えている」ということではなく、「毎月の返済でいくら超えているのか」という物差しです。借入金額というのは住宅ローン契約書に書いてあるタダの数字です。

「毎月6万円」が身の丈だとわかると、毎月9万円の返済は、毎月3万円分、身の丈を超えているということです。そうすると、「毎月9万円」を、どうやって今の家計から捻出するかを考えるのが、現実的かつ建設的な方法なのです。例えば、毎月3万円を捻出するには、次のようなことも考えられます。

☑**身の丈から3万円を超えた場合の対応**

・月の返済で＋3万円を捻出するために、1日1000円節約する方法を考える。

・共働きにして世帯年収を増やす。

・いざというときのためにボーナスを貯蓄しておく。

大事なことなので、もう一度書きます。安易にボーナス払いを選択してはいけません。ボーナスを貯蓄しておくのと、ボーナス払いにするのとは全然違うことなのです。

4

「退職金で完済する」は老後破産の危険大！

「親がそうしたから退職金で完済」ではいけません

不動産会社や銀行が行う住宅ローンのシミュレーションで、「こちらが頼んでもいないのに変動金利で計算する」というのは有名な「あるある」ですが、もうひとつ大事な「あるある」があります。それは、自分の残りの勤務期間が35年もないのに、「勝手に最長の35年のシミュレーションで計算されてしまう」ということです。

なぜかというと、たとえローン完済のときの年齢が80歳だったとしても、35年ローンで計算することで、毎月の返済額の負担が減るように見えるため、ローンを組むことへの心理的ハードルが下がるからです。さらに毎月の返済額が少ないと、年収に対する住宅ローンの負担が小さくなるので、金融機関の審査にも通りやすくなります。

しかし、多くの人は住宅ローンのシミュレーションの年数より先に定年退職を迎えるはずです。ですから、**「定年の60歳のときの残高がいくらになるか？」を考えることが重要です。**その金額を60歳になるまでに繰り上げ返済しないと、現役のうちに住宅ローンが終わらないからです。

もし、「退職金で払えばいいよ。親もそうして住宅ローンを完済したし……」というように考えているのであれば、今すぐ考えをあらためる必要があります。

親世代はそれでよかったのです。しかし、団塊ジュニア世代がリタイアして年金を受け取る立場になったらどうでしょうか？　働き手はさらに少なくなっています。今あなたがよほどの高給取りであり、多額の年金保険料を払っていない限りは、今の親世代が受け取っているレベルの年金は到底もらえません。

つまり、「親がそうしたから」という理由で、親と同じようなマネープランで考えると、自分が退職したとき、かなりの高確率で「老後破産」してしまうのです。

住宅ローン返済に加えて2000万円の老後資金

少し前に「老後に2000万円が必要」という総務省の調査結果が炎上しました。これは、「家計収支の赤字を無視して今と同水準の生活をつづける」ならそれだけの蓄えが必要だという試算であり、必ずしも2000万円ないと破産するとは言っていません。

しかし、退職金は老後資金にあてる余裕をもった返済計画を立ててください。貯金がなくても大丈夫ということはありません。

不動産会社の営業マンは「売るまでが仕事」です。私たちが定年後にローンが返せなくなって家を売却し、残債が残り、年金をやり繰りして賃貸の家賃を払いながらローンを返済しようと、まったく関知しません。

銀行の融資担当者は「貸すまでが仕事」です。私たちが定年後にローンを返せなくなったら、第一順位の抵当権を実行して家を売却すればいいのです。彼は審査マニュアルに沿って融資を実行したまでのことです。

自分の老後は自分にしか守れません。老後破産の当事者は他でもない「自分」だからです。よく、「**借りられる金額と返せる金額は違う**」といわれます。しかし少子高齢化によって低成長時代に突入した今の時代、肝に銘じなければならないのは、「**返せる金額と老後を生きられる金額は違う**」ということなのです。

第3章

価値の下がらない
物件の選び方と
営業マンとの交渉術

1 理想の家にたどり着くための「地図」と「コンパス」

広告のバイアスを排除し、現地調査で自分の目で見る

ネットには無数の物件情報サイトが存在します。それらを見ると、地域や条件などに合致する売り出し中の物件のリストが、ズラッと並んでいます。そこから目星をつけた物件を実際に見に行くと思いますが、ここで注意してほしいことがあります。

不動産は実際に現地調査することで、ネット情報ではつかめないさまざまなことがわかってきます。実際に行って見て、よくなかったら「無駄足」と思うかもしれませんが、良い物件と悪い物件を見分ける目を養うことにもつながります。

しかし、1日に現地調査できる物件の数には限りがあります。営業マンから話を聞いたり、周辺の環境を確認したり、最低でもひとつの物件を真剣に見るのに2~3時

間は必要です。移動時間も含めると、丸1日かけても3つが限度でしょう。

だからといって、**現地に出向いて現物と周辺環境を調査するプロセスに手を抜いてはいけません。それが、後悔しない家を買うための唯一の方法だからです。**

方向性を定めて、自分の心と向き合う

不動産に掘り出し物などありません、すべて販売価格に反映されています。地域や道路への接面、駅からの距離、広さ、築年数などは価格に反映される代表的なものです。それ以外にも要素があり、売り手の懐事情なども相まって価格は決められます。

自分が譲れない条件があり、そのために価格が高いのであればお金を払う価値がありますが、そうでない理由で高い物件であれば、別を探したほうがいいのです。

また、多くの物件を実際に自分の目で見ていくうちに、当初は「譲れない」と思っていた条件が、実は単なる思い込みだったとわかることはよくあることです。そして、その逆も然りです。

不動産の数は星の数ほどありますが、自分の価値観から譲れない条件に合う物件、

しかも予算内の価格の家となると、それほど数はありません。つまり、**しっかりと方向性を定めて現地調査をしていけば、実際にまわれる物件を現地調査することで、目的の家を見つけることは可能なのです。**

しかし、はじめはこの「指針＝コンパス」がブレがちです。そこで、コンパスの精度を早く確実に上げる方法を教えましょう。

価格に反映される条件と自分の価値観を一覧する「地図」

物件の条件を一覧することのできる表を作り、横串で比較することで、コンパスの精度を着実に上げることができます。つまり、自分だけのデータベースを作るのですが、それには次の点が欠かせません。

☑自分だけのデータベースを作る2つのポイント

・多くの情報を整理し、物件ごとに一覧できるようにしておく。
・自分の価値観を整理し、その優先順位を明確にしていく。

図3－1の表は、限られた数の物件しか見ることができない条件で、自分にとっての理想の家にたどり着くための地図です。

エクセルがあると便利で、はじめに枠だけ作っておいて、気になる物件を追加していきます。ネットの情報だけでも、埋められるところは埋めておき、実際に見に行って完成させていきます。

特に物件の良かった点、悪かった点は、見に行ったその日のうちに完成させてください。営業マンの話を聞きながら、スマホにメモしておきましょう。記憶が鮮明なうちに記録しておくことが大事です。

コツは、**売り手の立場に立ってみる**ことです。不動産会社は商品を売るために良いところは強調し、悪いところは隠したいはずです。この表を使って、限られた数の物件しか見ることができない条件下で、良いところも悪いところも横並びにして、素の状態で比較していくのです。

パンフレットやチラシの情報で、8割方の情報を埋めることができるでしょう。しかし、どうしても埋められない情報があるなら、それは売り手が隠したい・見せたくない情報かもしれません。それを現地調査であぶり出していくのです。

図3-1　理想の家にたどり着くための地図

物件名	SS マンション	KK マンション
地域	S 市	K 市
最寄り駅	○○駅	△△駅
	快速停車駅	始発駅で座れる
駅徒歩時間（実測）	HP表記は5分	13分
職場までの時間	35分	93分
駅までの道	平坦、歩道橋あり	帰り上り坂
学区	○○小学校区	△△小学校区
	○○中学校区	△△中学校区
自治体の育児支援策	なし	子育て補助金
間取り	2LDK	3LDK
専有面積	50㎡	71㎡
内法面積	48㎡	66㎡
その他面積（バルコニー）	5㎡	15㎡（ルーフバルコニー）
階数	18階	3階
向き	南	南西
竣工年度（築年数）	新築	2002年（15年）
価格	4000万円	3000万円
管理費（マンション）	15000円	10000円
修繕積立金（マンション）	8000円	4000円
駐車場（マンション）	敷地内立体20000円	敷地内平面8000円
状態（空き、居住）	空き	居住中
その他特記事項	住宅ローン控除受けられない	消防署の前
物件のサイト URL		
販売業者 or 仲介業者		
施工業者		
調査日時	未調査	年月日時
天候		晴れ
よかった点		
悪かった点		

はじめての道で迷わないための「コンパス」

この表で、自分が大事にしていることをより客観視できます。重要な項目はより熱心に書くようになり、項目自体も追加されていくでしょう。自分にとってどんな物件の評価が高く、どんな物件の評価が低いかという傾向も見えてきます。

この地図を作りながら、物件選びのコンパスの精度を上げていくのです。これは、夫婦で共有することで価値観を調整していくこともできます。「ここは譲れないけれど、そこはアナタの意見を聞いてもいいよ」という感じです。

ブレないコンパスを手にするまでは、とにかく多くの物件を見て、この表(地図)を広げていくことが唯一の方法であり、王道です。ゴールは必ずこの先にあります。

2 営業マンとのつき合い方、悪徳業者の見破り方

百戦錬磨の「対戦相手」との心理戦を制する心構え

不動産業者がいう「住まい選びのパートナー」はよく聞くキャッチフレーズですが、彼らは私たちの「味方（パートナー）」ではありません。かといって「敵」でもありません。

お互いが一定のルールを守りつつ、それぞれ自分の利益を追求する、そんな関係です。**利害が一致するところもあれば、相反するところもあります。**

家を買う場面では不動産会社の営業マンに頼り切ってしまう人が多いです。しかも、本人にその自覚はありません。

住宅金融支援機構の調査によると、2018年に民間住宅ローンを利用した人の約

45・4％が不動産業者を住宅ローンの情報源として役立ったと答えました。

住宅ローンは、銀行と私たちとの間で結ぶ契約であり、**家の売り手は住宅ローンの契約の当事者ではありません**。それなのに、なんだかんだいっても営業マンが勧める住宅ローンを選ぶ人が半数近くいるということです。

誰だって失敗したくないのが、一生に一度のマイホームの購入です。二人三脚のパートナーはちゃんと選びましょう。そして、少しでも危ないと思ったら、縁を切るといった心構えでいることが重要です。

悪い営業マン、不動産会社に引っかからない方法

例えば、次のような営業マンや不動産会社は要注意です。

☑要注意な営業マンの言動

・「掘り出し物だから早く決めないと売れちゃいますよ」といって契約を急かす。
・「私に任せておいてください。大船に乗った気持ちで」といって満足な説明をしない。

・物件に関していいことしかいわない。都合の悪いことは「知らない」「わからない」。
・質問に対するレスポンスが遅く、時間や約束にルーズ。自分の非は絶対に認めない。
・妙になれなれしい言葉遣いや態度。明らかに人相が悪い。
・どう見てもヒラの営業マンなのに、「〇長」「リーダー」などの肩書の名刺。

悪い営業マンのチェックリストとして、これらのことがあてはまると限りなくクロです。がっちり食い込まれる前に勇気ある撤退をすることが大事です。**こうした人たちは、ちょっと気をつけて観察すればすぐにわかります。**

私のブログに寄せられる相談で、こうした悪徳業者にあたってしまい、契約まで進んでしまう人には、次のような一定の傾向があります。

☑悪徳業者にあたっても契約に進んでしまう人の特徴

①基本的に性善説に立っている
②疑問に思っても遠慮して聞けない
③「一目ぼれ」でその物件を選んだ
④知ったかぶりをしてしまう

つまり、悪い営業マン、不動産会社に引っかかりたくなければ、この真逆をやればいいということです。どういうことか、ひとつずつ説明します。

① 基本的に性善説に立っている➡基本的に「性悪説」に立つ

性悪説というのは言葉のアヤで、要するに営業マンはパートナーでも敵でもなく、「対戦相手」という姿勢で臨むことです。彼らがズルをしないようにするために、釘を刺しておくのです。

例えば、複数の不動産会社を利用して家を探すのも手です。「仲介業者が多いと面倒ですよ、うちだけにお任せください」などといってくる営業マンもいるかもしれません。同業他社と同時進行でつき合い、比較することで、悪徳業者のおかしな点が浮き彫りになります。つき合う業者が1社だけだと、「他もそうですよ」「それが普通ですよ」といわれたら、ウラの取りようがありません。

まともな業者であっても、競争相手がいないということがわかると、自分の利益を最大化しようと考えるのが普通です。

②疑問に思っても遠慮して聞けない⬇疑問に思ったら何でも聞く

相手のペースで話が進んでいくと、彼らのボロが出る前に契約が決まってしまいます。

ある程度準備をして、いろいろ聞いていくことで、都合の悪いことは「知らない」「わからない」とか、質問に対するレスポンスが遅く時間や約束にルーズ、自分の非は絶対に認めないといった、悪い業者の特徴が浮き彫りになるのです。

③「一目ぼれ」でその物件を選んだ⬇絶対に即決しない

「掘り出し物だから早く決めないと売れちゃいますよ」などと急かされても、絶対にハンコを押してはいけません。本当に近隣の相場よりも安く何の欠陥もない「掘り出し物」なら、不動産会社が購入して適正な価格で販売したほうが儲かるからです。

そうしないのは、本当は「掘り出し物」ではないからです。つまり、「掘り出し物だ」といった時点で、初心者にしか通用しないバレバレのウソということになるのです。

④知ったかぶりをしてしまう⬇知っていることでもあえて聞く

最近はインターネットで検索すれば知りたい情報が手に入るようになっています。

でも、不動産に関する知識は、ネットの中途半端な情報だけでは不安です。
また、目の前の営業マンが知らないことを適当に話していないかどうかを確認する意味もあります。**これは私も会計士として怪しいと思ったときによく使う手です。**

取引相手を見定めることはとても重要！

相手任せにせず主体的に取引に臨み、冷静さを維持すれば、悪徳業者はすぐに見破れます。違和感を少しでも感じたら、早めに交渉のテーブルから降りて縁を切ることです。ほかにも不動産会社は山ほどありますし、視野を広げればよい物件は必ず見つかります。

家を買う「取引相手を選ぶ」ということは、かくも重要なことなのです。タチの悪い会社だと思いながら「でも気に入った物件だから」と目をつぶって契約し、後になって後悔する人は大勢います。契約して手付を払ってから購入をやめる場合は、手付金は返ってきません、もう後の祭りなのです。

3 価値の下がるエリアを事前にチェックする方法

土地の資産価値がわかる「立地適正化計画」とは?

「これから買うマイホームの資産価値（地価）が今後どうなるの?」ということに疑問を抱く人は多いと思います。じつは、**少なくとも確実に下がるであろう地域が存在します**。その理由は、国土交通省が平成26年8月に施行した「改正都市再生特別措置法」に基づく「立地適正化計画」があるからです。

多くの地方都市は、高度成長期に拡大路線をとって膨張してきました。今後、地方都市では高齢化が進んで福祉や医療費の増加は避けられませんが、働き手になる若年層の人口は減少していきます。しかし、それでは効率が悪いと、これをコンパクト化して効率化しようというのが、この立地適正化計画の狙いです。

図3－2の中にある丸囲みの部分外の居住区域を「立地適正化計画区域」に指定し

図3-2　「立地適正化計画」のイメージ図

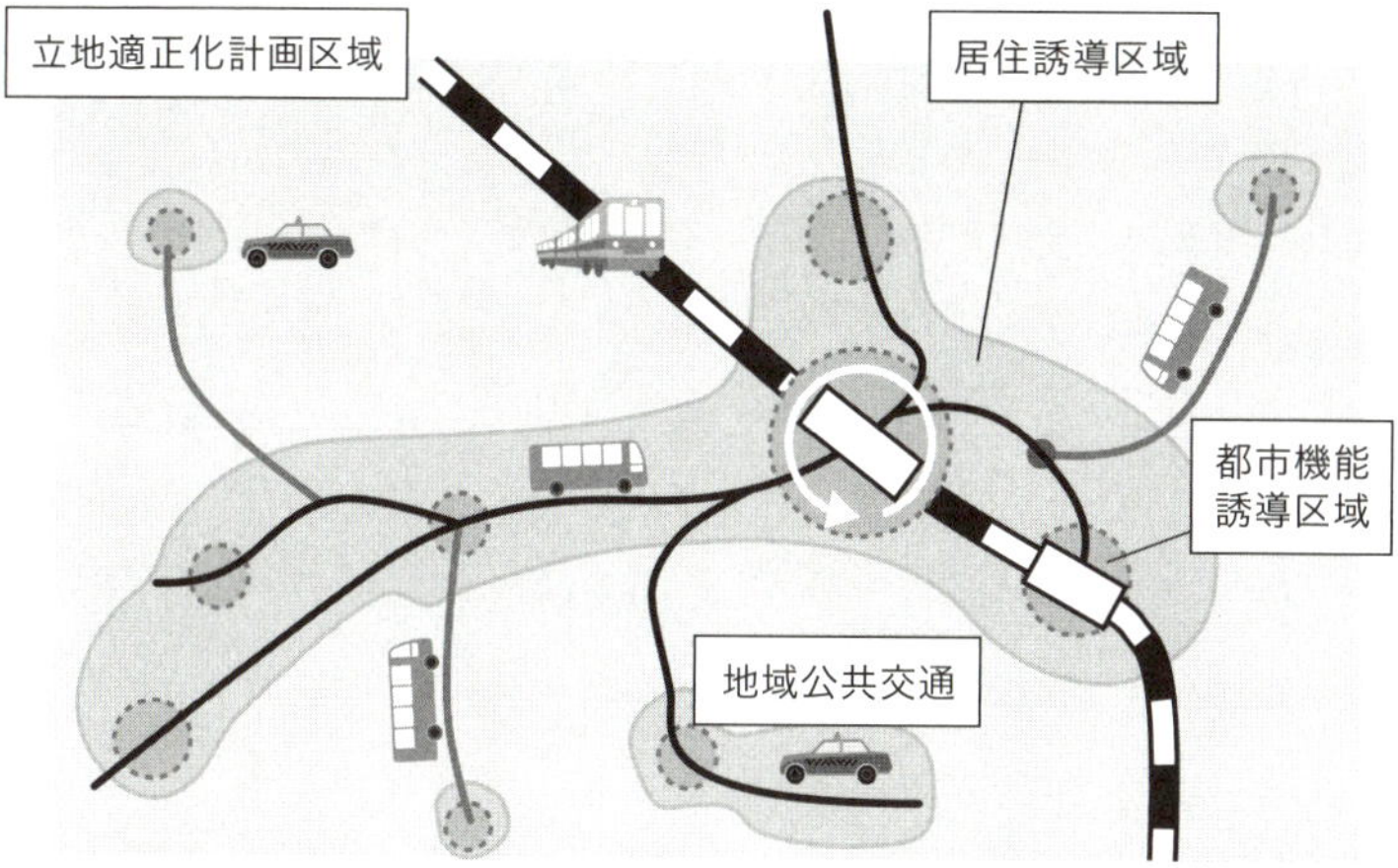

て、「居住誘導区域」にギュッと凝縮しようという計画です。

☑立地適正化計画＝コンパクトシティ・プラス・ネットワーク（国土交通省のパンフレットより）

・居住誘導区域に緩やかに住民の居住エリアを誘導していく。
・都市機能誘導区域に医療、福祉、商業施設を誘導していく。
・拠点間を結ぶ交通サービスを充実させる。

居住誘導区域外のエリアは価値が下がる

つまり、図3－2の中にある丸囲みの部分**外**の地域は、今後取り残される運命にあるということです。これから購入しようとしている家が居住誘導区域に入っているか、そうでないかは、**宅地建物取引業法で説明が義務づけられる重要事項ではないので、不動産会社からの説明はありません**。つまり、自分で調べない限りは知らないままです。

知らずに居住誘導区域外の地域にマイホームを購入してしまったら、どうなるでしょうか？　ローンが終わるまでの20～30年はそこに住み続けることになり、マイホームを買ったときには近くにあったはずの市立病院はなくなり、バスの停留所もなくなり……という状態になっていくのです。

購入予定の地域の自治体のホームページを必ずチェックしよう

平成31年4月15日現在、立地適正化計画の作成について具体的な取り組みを行っている都市が４４０団体あります。このうち２５７団体がすでに計画を作成、公表しています。

これはあくまで執筆時点の情報なので、最新の情報は国土交通省のホームページから直接確認するようにしてください。これから購入しようとしている地域が取り組みを行っている場合は、必ず市町村のホームページを確認して居住誘導区域をチェックしておきましょう。

居住誘導区域はある程度予想できる！

少子高齢化の今、ほとんどの都市で人口は減少傾向になっています。国立社会保障・人口問題研究所の調査によると、一部の人気都市でも人口増加が続くのは２０２５年までで、その後は減少傾向になるだろうと予測されています。つまり、どんなに人気のある都市でも、将来的にはこうした選択と集中が必要になってくるのです。

すでに計画に取り組み中の自治体では、駅や幹線道路から徒歩圏内、大型商業施設周辺など、都市化したエリアを居住誘導区域に指定する傾向があります。

つまり、**現時点でもその地区内で平均以上に利便性のよいエリアは、居住誘導区域になると推定できます**。

これからマイホームを探すにあたって絶対に考慮しておくべきポイントのひとつでしょう。

4 「新築マンション」のモデルルーム見学で注意すべきこと

モデルルーム見学の錯覚と、間取り図のカラクリ

モデルルームの見学と、間取り図の見方にはポイントがあります。これを知っているだけで、何百万円もの価値があります。

本格的にマンション購入の検討をはじめると、モデルルームを見学することになると思います。

そのとき「注意深く検討すれば知りえたこと」で、後悔したくないのはみな同じです。

錯覚を起こさせるさまざまな仕掛けと、見落としがちなポイント

モデルルームを訪れると、「**間取り図表記の畳数より狭い**」と感じるかもしれません。

その感覚は正解です。間取り図の畳数は少し水増しされて書かれていることがあるからです。次のようなマジックがあります。

☑モデルルームのマジックと注意点

①畳数の表記のマジック
②ＬＤＫを広く錯覚させるマジック
③家具は低いものが多く、収納家具が少ない
④天井の形状（ギロチン天井に注意）
⑤オプションだらけの内部造作

①畳数の表記のマジック

マンションの一畳は１・62㎡以上で表示するルールが不動産公正取引協議会の決まりになっていますが、「約６畳」とか「６Ｊ」などと、ウソにならない範囲での表示方法を考えてやっています。**別途㎡での広さを教えてもらい、自宅の部屋と比較すべきです。**

② LDKを広く錯覚させるマジック

LDK（リビング・ダイニング・キッチン）の畳数は、キッチン込みでカウントされます。畳数が2ケタになると十分な広さがあるように思ってしまいますが、実際にリビングとして使えるスペースはそんなにありません。

LDKの表示は10畳以上からです。LDK10畳ならば、キッチンに最低3畳、実質的なリビング・ダイニングは7畳しかありません。つまり、少し広めの寝室くらいの大きさしかないのです。

最も売れる間取りの形は「3LDK」です。LDKを10畳以上にして、あと3つ部屋を作れば最も売れる間取りになりますよね。**その狭いLDKを家具によって広く見せる**のが、モデルルームのマジックです。

③ 家具は低いものが多く、収納家具は少ない

モデルルームの大きさはたしかに実寸ですが、全体的により広く見せるために家具は低いものが多く、収納家具は極端に少ないのです。モデルルームがオシャレで生活感のない所以です。

実際に引き渡しを受け、部屋に生活に必要な家具を入れると、必ずといっていいほ

どモデルルームの印象よりも狭い部屋になります。そのため、これより小さくなるものだという脳内補正を必ず行うようにしてください。そして、家で使っているベッドやソファ、テーブルなどのサイズを測っておき、モデルルームでシミュレーションをしてみてください。その家具を入れると、ドアの開閉ができないといったこともあるかもしれません。

④天井の形状（ギロチン天井に注意）

梁がギロチンのように大きく下がっている部屋もあります。普段の生活でかなりの圧迫感を感じるので、注意してください。同じ間取りタイプでも、階によって天井の形状は異なります。モデルルームは一番きれいな天井の部屋が採用されます。間取り図では点線で表現されています。

⑤オプションだらけの内部造作

玄関のドア以外の目につく造作は、すべてオプション工事で追加工事が必要と考えておいたほうがいいでしょう。ひどいものになると、リビングを広く見せるため、間取りさえも変更しています。

音のトラブルは事前に回避できる

さらに気をつけたいのが、マンションのトラブルで最も多い「音のトラブル」の確認です。マンションの防音性能は、間取りと壁の厚さで決まります。いくら防音性能に優れているとはいえ、過信は禁物です。

「音」に関しては、**間取り図単体では見えない部分**があり、特に意識して見ていく必要があります。ポイントは次の３つです。

☑「音」で意識するポイント

①音に関する苦情の出にくい間取りを把握する
②上下隣の家族構成
③壁の厚さと工法

① 音に関する苦情の出にくい間取りを把握する

「音」のトラブルは、部屋の中で主に滞在するところで発生しがちです。ということは、「隣との仕切りになる部分にどんな部屋があるのか?」ということも重要なポイントです。

バストイレやキッチンについては、そこですごす時間は限られているので、苦情になる可能性は低いです。また、収納スペースで音が出る要素は少ないですし、そこに滞在する時間も極めて短いでしょう。

これに対して、**リビングや寝室、子ども部屋は要注意です。滞在時間も長く、音を出す、また逆に音に敏感になることが想定できるからです。**

② 上下隣の家族構成

マンションは共同住宅です。共同して生活を営んでいる面があるので、似た価値観、生活リズムであれば、トラブルを事前に回避できる可能性は高くなります。家族構成が似ていれば、**生活音を出す時間帯や心理的な許容度も広がる**でしょう。

③ 壁の厚さと工法

壁の厚さは最低200ミリ以上、気にする人なら330ミリ以上あるといいでしょう。また、床下に梁を配置した逆梁工法の改良版「ルネス工法」の場合、床と構造を

図3-3　遮音性を高める工法の違い

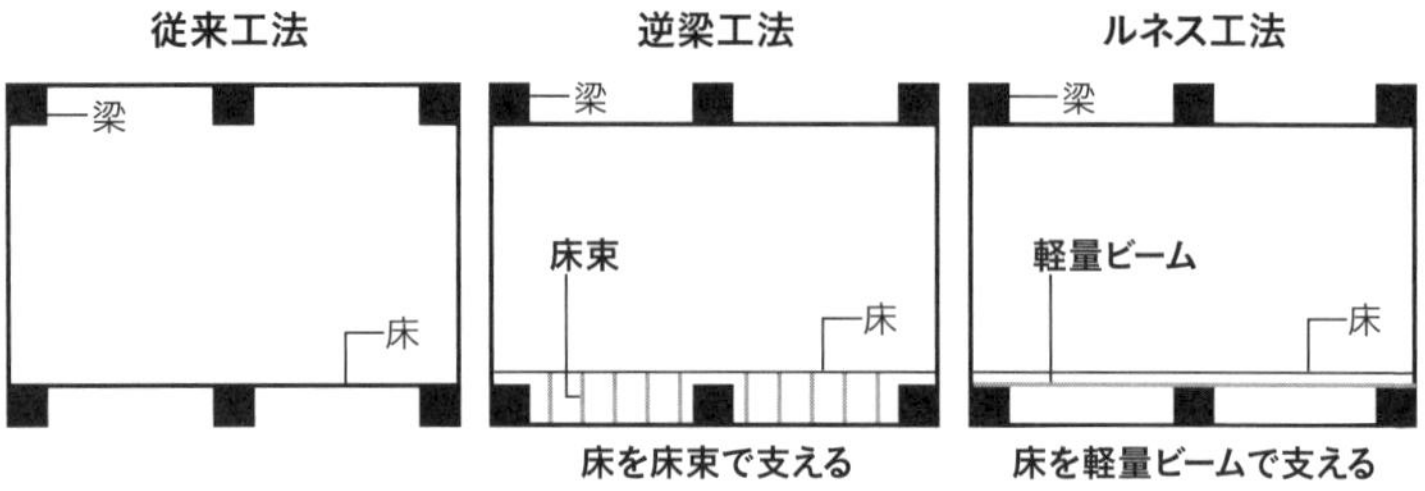

つなぐ床束の代わりに床を軽量ビームで支え、構造との間に遮音ゴムを挟んでいるので、階下への遮音性がアップします（図3－3）。

逆梁工法は、室内に目障りな梁や出っ張りがなく、最近竣工されているマンションでよく採用されていますが、ルネス工法は少し珍しい形です。つまり、「階下との間に収納がある間取り」のようなものです。そこにギッシリ物を詰めることで遮音効果はさらにアップするため、一石二鳥です。

ただし、過信は禁物です。子どもがドンドン飛び跳ねたりすれば、ルネス工法であっても、どんなに壁が厚くても、太鼓現象で振動は伝わります。

駐輪場・駐車場からの導線にも注意

正面玄関だけでなく、駐輪場や駐車場からの導線にも注意しましょう。最近はオートロックが主流なので、マンション内に入るときにはリモコンキーを使用するところがほとんどですが、駐車場や駐輪場とマンションをつなぐ勝手口にあたる出入口は鍵を使用します。

何度か鍵を使わないと駐輪場や駐車場に行けないというマンションもありますし、大きなマンションでは勝手口に行くまでの導線が意外と複雑なときもあります。急いでいるときに、すぐに自分の部屋にたどり着けるかどうかも重要なポイントです。それに、部屋の中に段差の少ないバリアフリーマンションと謳っていても、こうした共用部の生活導線にドアや段差が多いと本末転倒です。

5

「中古住宅」を購入するときの注意点

マイホームの築年数と資産価値の関係

多額の住宅ローンを負って購入するマイホームの資産価値は、家計にも、人生にも大きく影響します。まずは、住宅の一般的な資産価値と、築年数の関係を理解しておきましょう。

建物の資産価値は、新築時が最も高く、築年数を経過する（建物が古くなる）にしたがって下がります。建物部分はいわば消費財で、次の2つが特徴です。

☑建物の資産価値の推移

・新築から5年以降で急激に下がる。

・その後ゆるやかに下がっていき、最後は取り壊し費用の分だけマイナスとなる。

これはあくまで一般的なケースなので、個別の条件（建物の劣化具合・使い方・メンテナンス・その地域での住宅の流通量・供給量など）によっても変わります。

一般的な築年数と資産価値の下がり方を考慮すると、**新築から一度大きく下がる築5年を超えた物件、住宅の性能面では、新築と遜色のない築10年前後の物件**が、資産価値の下落リスクという点では買い手に有利な選択といえます。

中古マンションは「長期修繕計画」と「管理組合」をチェック！

マンションの資産価値を形成するものとして大きいのは、やはり立地です。駅の周辺など利便性の高いエリアの新築マンションは、価格が高くて手が出ないことがほとんどです。しかし、中古マンションであれば、建物の資産価値が経年劣化によって下がっている分、割安に購入することができます。

もうひとつ、中古マンションを探すときのポイントになるのは、マンションの住民によって作られる「コミュニティ」です。つまり、マンションの価値には、次の2つの側面があるのです。

☑マンションの価値

①消費財としての価値＝物理的な建造物としての価値（立地も含む）

②コミュニティの価値＝管理組合のレベル

①「消費財としての価値」を確認できる「長期修繕計画書」

建物を少しでも長く、よい状態で使用するには、日々のメンテナンスが重要です。そのレベルを確認できるのが、「長期修繕計画書」です。これは、分譲マンションの性能を維持し老朽化を防止するために、管理組合が作成する分譲マンションの長期的な修繕計画です。

まずは、25年以上の長期的な修繕計画が策定されているかどうかを確認します。そして、今後の大規模修繕時点の「修繕予定費」より「修繕積立金の累計額」が多くなっているかを確認します。修繕積立金の累計額が修繕予定費より少ない場合、今後修繕積立金が高くなったり、修繕時に一時金の徴収などが必要になったりするためです。

②コミュニティの価値は「管理組合のレベル」で確認する

いかに長期修繕計画がしっかりしたものでも、それを実行するのはマンションの住民であり、その集合体が「管理組合」です。新築マンションを購入する場合、ゼロから自分たちでそのコミュニティを作っていくのですが、中古マンションを購入する場合はすでに存在するコミュニティに入ります。

例えば、エントランスやポストまわり、共用廊下、非常階段、自転車置き場、ゴミ置き場などがきれいに保たれているかどうかで、そのマンションの住民のモラルの程度がわかります。

また、理事会の開催頻度や理事の選出方法も確認しましょう。管理組合の理事長が長年に渡って交代することなく歴任し、理事会も何年も開催されないような場合は、修繕積立金の横領が発生しやすい環境ともいえます。

完成年度によって物件の特徴が違う

さまざまな住宅の法改正がありますが、物件の完成年度により、ある程度見るべきポイントを整理できます。特に次の3つの年度を意識しましょう。

図3-4　アウトフレーム工法

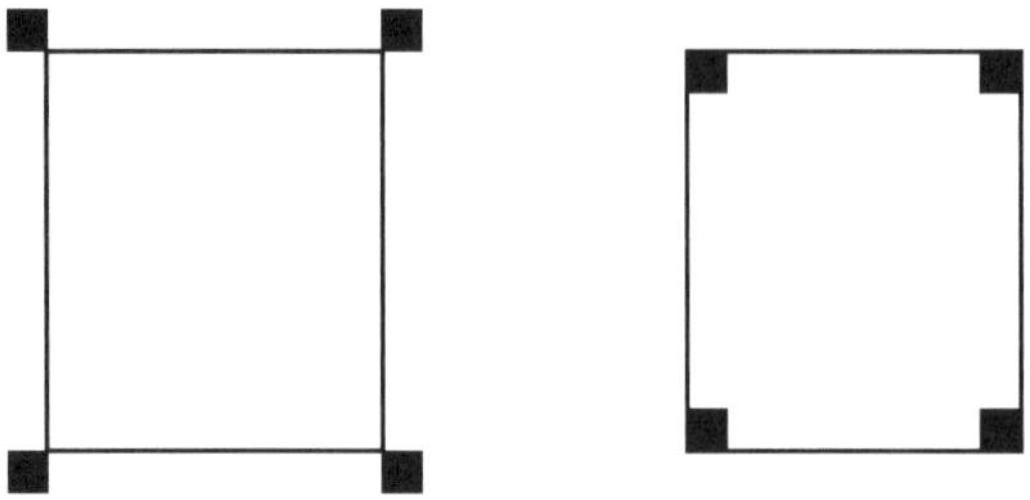

☑完成年度によって違う物件の特徴

①２００１年以降完成
②１９８６〜２０００年完成
③１９８５年以前完成

①２００１年以降完成

２０００年から「住宅性能表示制度」がスタートしています。これにより、新築時の性能がわかる物件が多くあります。また、アウトフレーム工法が標準化しており、室内に邪魔な梁が張り出さないタイプの間取りが多くなっています。

図３－４の２つの間取りを見てください。左の**アウトフレーム工法（柱を間取りの外側に出した工法）のほうが広く使えますが、チラシに掲載される専有面積は同じになるのです。**

専有面積の表示には、次のどちらも建築基準法で認められています。

☑専有面積の2つの表示法

・内法面積……壁の内側の部分の面積（正味の専有部の面積）。
・壁心面積……部屋の壁の中心線で囲まれた部分の面積（壁と内部の柱を含む面積）。

専有面積とは「専有部」の面積です。柱は共有物なので専有部には含まれませんが、**チラシやパンフレットでは広く見せるために壁芯面積が表示されるのが普通です**。つまり、同じ専有面積の間取りでも柱が少ないほうが広いということです。

②1986〜2000年完成

1990年代の物件にもアウトフレーム工法はありますが、1980年代はリビングに梁や柱が張り出す物件が多いので、チラシに載っている専有面積に補正を入れる必要が出てきます。柱1本を1㎡で補正してください。

また、**築後25年超の物件については、そのままでは住宅ローン控除の適用が受けられない**ので注意が必要です。第6章で紹介する住宅ローン控除の条件を確認してください。

③ 1985年以前完成

建物に関しては相当老朽化しているので、メンテナンスのレベルは高いものを要求されます。これまでの大規模修繕工事で補修が計画通りに行われているかの確認が必要です。

1981年6月に建築基準法の耐震基準が改正され、それ以降に完成した物件であれば、耐震強度については及第点だと考えていいでしょう。しかし、それ以前の物件は、現在の耐震基準を満たしているか、耐震診断などの有無を確認します。

中古戸建ては「検査済証」の有無や「メーカー保証」をチェック！

中古マンションと同じく、新築に比べて価格が安いというのが中古戸建てのメリットです。流通量も一定数あるので、さまざまな物件から選べますし、古民家をリノベーションして、見違えるような家に生まれ変わらせることも可能です。

一方で、戸建ては木造であることが多く、強度面はマンションより弱いことは否めません。また、マンションであればすでに住民が住んでいて、そのことが住宅としての性能をある程度保証してくれていますが、一戸建てについてはそれがありません。つまり、建物の消費財としての価値については、マンション以上に気を配らなくてはならないのです。

中古戸建で気を配るべきポイントは、「検査済証があるか」です。検査済証はその家が違法建築でないことを証明するもので、これがないと原則として銀行から住宅ローンの融資を受けられません。過去にはこの検査済証の取得がゆるかったので古い住宅では取っていないケースもあり、注意が必要です。

「住宅品質確保促進法」による保証があるか

２０００年４月に施行された「住宅品質確保促進法」があります。これは、住宅の品質確保の促進などに関する法律で、住宅の強度や耐久性を高め、欠陥住宅を解消しようとするものです。趣旨は次の３つです。

☑「住宅品質確保促進法」の趣旨

①施工会社や不動産会社に対する10年保証を義務づける

②住宅が一定の性能を持つことをわかりやすく証明する「性能表示制度」を作る
③トラブル発生時などにすばやく対応する「紛争処理機関」を設ける

この10年の保証期間内であれば安心できます。もし、保証期間をすぎても問題が起こっていなければ、建物の性能に対してはある程度安心できます。大手ハウスメーカーの施工であれば、10年を超える保証をつけるケースもありますし、2000年以前の住宅でも独自の保証がついている場合があります。

「新耐震基準（1981年6月）」以降の物件なら、耐震強度については及第点

中古マンションの項でも触れましたが、新耐震基準以前の建物の場合、耐震性能という点で懸念があると考えたほうがいいでしょう。購入後に安心して住むために、耐震補強工事の費用が余分に発生します。

ただし、古い建物であってもしっかりした建て方で、今の耐震基準に適合していれば、既存の状態で「耐震基準適合証明書」を取得することができるケースもあります。

また、耐震補強工事を行う場合には自治体から補助金が出たり、フラット35で借りる場合は大幅な利率の引き下げを受けられたりするケースがあります。

第三者の専門家による住宅診断を利用する

家の欠陥というのは見えないところに原因があるため、素人が見てわかるものではありません。条件や証明書があっても、不安なケースはあると思います。また、施工した業者がすでに廃業しているなど、それ以外の部分で不安が残ることもあるでしょう。

そういう場合に利用したいのが、第三者の専門家による「ホームインスペクション（住宅診断）」です。住宅の劣化状況、欠陥の有無、改修すべき箇所やその時期、おおよその費用などについて、専門家からアドバイスを得ることができます。

6

「リノベーション」向き中古マンションの選び方

リーズナブルに理想の住空間が実現するリノベーション

最近はリフォームの技術が上がっており、建て替えよりもコストが抑えられるということから、全面的にリフォームして使い勝手を上げるケースも増えています。このような建物や部屋の再生を、リフォームから一歩進んで、「リノベーション」といいます。

リノベーションは、単に費用を抑えるという目的だけではありません。元の建物の持っている「味」をうまく利用して、新築では出せない「ビンテージ感」を演出できるなど、お金をかけずに自分だけのこだわりの空間を手に入れながら、新築マンション同様の快適さ、使い勝手のよさを実現することもできます。

リーズナブルに理想の住空間が実現するリノベーションは、「無理をしない妥協もしない」というマイホームの選択肢として、徐々に注目されてきています。

無理をしない=費用を抑えてどこまでリノベできる?

まずは気になる「リノベーション工事費用の目安」です。専有面積70㎡のマンションの部屋で、おおむね次のようになります。

☑リノベーション工事費用の目安

① 工事費用500万円未満
② 工事費用700万円未満
③ 工事費用800万円未満
④ 800万円超~1000万円くらいまで

① 工事費用500万円未満

元々ある設備を活かす、または譲れないポイントを絞ってメリハリのある内容にするなど、ある程度妥協することによって工事費用を削減する必要があります。デザイン的に凝ることは難しく、リノベーションというよりは、「リフォーム」に近い内容です。

② 工事費用700万円未満

設備の中で一番費用のかかる水まわりをすべて交換し、加えてクロスや床の張り替えなどを行える価格帯です。設備や資材のグレードによって価格にもある程度の幅が生じることになります。

③ 工事費用800万円未満

マンションのフルリノベーションの中心的な価格帯です。いったんすべての内装を取り払ってスケルトン状態にするので、間取りの変更も可能になります。設備のグレードや資材にもよりますが、デザイン的にも凝ることができるようになってきます。

④ 800万円超～1000万円くらいまで

かなり凝ったリノベーションが可能になります。家具も既製品を使わず造作する、オリジナル性の高い内容を求める場合は、このくらいの予算になります（戸建てでは一般的な価格です)。

リノベーション時の費用の注意点

ではリノベーションを前提とした場合の価格面、費用面での注意点です。次の3点に注意してください。

☑リノベーションの費用の注意点

①リフォームずみの築古マンションは、リフォーム費用が価格にオンされている
②専有面積とリノベ費用は比例する
③リノベ費用は足が出るもの

①リフォームずみの築古マンションは、リフォーム費用が価格にオンされている

リノベーションが注目されているとはいえ、まだまだ一般的には浸透していません。**特に築古マンションでは、売主が内装や設備を新しくリフォームして販売することがまだ主流です。**つまり、売値にはすでに売主によるリフォーム、リノベーション費用

がオンされているのです。

たしかにきれいなのですが、それは新品だからであって、設備や資材のグレードはかなり廉価なものに抑えられています。それでも何百万円かは費用がかかっており、それが売値に組み込まれているのです。

②専有面積とリノベ費用は比例する

築古マンションでリフォームされていない場合、90㎡ほどの大きな部屋でも手ごろな値段になっている場合があります。「せっかくなら広い部屋のほうがいいな……」と思いがちですが、専有面積が広いと、リノベ費用もその分高くなるため注意が必要です。

フローリング資材は当然広ければ広い分だけ必要になりますし、無垢のフローリングは工賃も高くなります。撤去費用も広さに応じて高くなります。また、リノベーションの設計費は部屋の広さに比例します。家族の人数やどんな空間にしたいかで、必要な部屋の広さは変わってきます。居住空間は家族に合わせたジャストサイズにすることをお勧めします。

③リノベ費用は足が出るもの

リノベーション費用のしっかりとした見積もりは、実際に中古マンションを購入したあとでないと算出することができません。つまり、マンション購入時には、何となくの目安くらいしかわからないのです。

これはリノベーションの「あるある」ですが、自分のやりたいことをすべて詰め込むと、一般的な費用の目安から1～3割ほど足が出てしまいます。意外なものに値が張るのです。前述のフローリングなどはその代表格です。

妥協しない＝リノベーションの自由度の高い物件を選ぶ

マンションでは「共用部分」を変更することができません。また、専有部分の使用方法やリフォームの範囲についてまで、管理規約による制限が存在することもあります。次の2点には注意が必要です。

窓や玄関ドア、ベランダ、構造などの共用部分は変更できない

窓、玄関ドア、ベランダなどは自分の部屋内にあるので専有部分と勘違いしがちですが、これらはすべて共用部分です。なので、勝手に変更することはできません。

構造的に大空間を作りやすいのは、間取の角などに太い柱や梁がある「ラーメン構造」といわれるものです。柱や梁はマンションの躯体なので構造上は動かせませんが、それ以外の壁を抜いて間取りを変更しやすいのです。

キッチンなどの水まわりの位置を移動する場合、給水管なども移動する必要があり、水まわりの設備と配置の両方を変更すると工事費用が跳ね上がります。レンジフードの排気ダクトの経路によってはキッチンの移動が難しい場合もあるので、施工業者に確認してもらったほうがいいでしょう。

管理規約の「○○不可」に注意

さらに注意したいのが、マンションならではの管理規約による制限です。「**フローリング不可**」という規約がある場合、自分の部屋だからといって勝手にフローリングに変更することはできません。

物件探しと業者選定は同時進行で！

情報収集と物件探しの際は、一般的な中古マンションの選び方に加えて、リノベーションでできること、できないことの予備知識は必須です。先走ってマンションを買ったあとで、「リノベ費用が足りなくなった」「イメージしていた間取りは構造上不可能」ということになったら目もあてられません。ですから、**物件選びとリノベーションの施工業者選びは同時進行で行うのがベストです。**

人気の地域では中古マンションはすぐに売れてしまいますし、リノベの条件に合う物件となるとかなり限られるので、なかなか物件が決まらず焦ってしまう人も多いです。とはいえ、慎重に選ばないと、自分たちの思い通りにリノベができないリスクがあるので注意してください。「これは」と思う物件に出会ったら、施工業者と一緒に見学して、購入後にどんなリノベーションが可能か、どのくらい費用がかかるかについて相談しておくといいでしょう。そうすることで、購入後も、リノベ仕様の決定から完成までの流れをスムーズに運ぶことができるようになってきます。

7

「注文住宅」を建てるときの業者選びの心構え

業者選びでは「坪単価相場」のことはいったん忘れよう

すでにある物件を購入するのと違い、ゼロから作り上げていく注文住宅ではとにかく決めなければならないことが山ほどあります。断熱材、床材、床暖、窓ガラス……これらの価格相場や性能を全部把握して決めることは、素人にはまず不可能です。つまり、信頼できるパートナーを選べるかがキーになってきます。

まず気になるのが、価格相場でしょう。できれば安くていい家を建てたい、と考えるのが人の常です。

例えば、延床面積が35坪の場合、ハウスメーカーでの坪単価の相場はおよそ50万〜60万円ほどといわれます。では、坪単価が安い業者から選べばいいのでしょうか？

答えはＮｏです。**最初に見せられる新築一戸建てのトータル金額は安く思えても、目に見えない部分で安いものを使っており、実は割高になっている可能性もあります。**こういうことは、仕様を決める際、業者と打ち合わせを重ねていけば自ずとわかってきます。

つまり、「坪単価なんて意味がない」のです。もちろん出せるお金には限りがあるため、結果として「坪単価をここまで抑える」という視点は必要ですが、それは家を建てるまでのプロセスで無数の取捨選択を行った結果です。注文住宅を建てるまでに業者に求めるのは、「その無数の取捨選択で適切なアドバイスを受けられること」「プロならではのアイデアを出してもらうこと」です。安い材料、手抜き工事で安く上げることではありません。

相場をひとつの目安として活用することを否定しているのではありません。しかし、家を構成するすべてを把握したうえでコストパフォーマンスを判断するといったことを素人にできるわけがないのです。**坪単価の安さばかり強調する業者**は、まだそういうことをわかっていない初心者を取り込もうとしている可能性もあるということです。

気づかない部分をアドバイスしてくれるパートナーが大切

工務店にとっては、サッサと設計を決めて完成させ、代金を回収するのが効率的です。ですから、こちらの要望をすべて反映してくれるというのは眉唾です。多くの買い手は家のことを何もわかっていないのです。**その何もわかっていない人たちの要望をすべて反映したら、どんな家になるのでしょうか？**

私の知る大工さんの話です。施工中の図面でトイレのドアが内開きになっていたそうですが、住居のトイレのドアは外開きにするのが普通です。万が一トイレの中で倒れた際に、身体が邪魔になり外からドアを開けて助けに入れないためです。

その大工さんは建築士に、「これは図面の間違いではないのか？」と聞いたのですが、返ってきた答えは「お客様がそのほうがいいといったので内開きで間違いない」ということでした。お客様はまだ若いため、トイレで倒れることもないだろうから、そうしたリスクがあるという説明もしていなかったそうです。

どう思いますか？　住む人が若くても、そこのトイレを高齢の両親が使うことだってあります。内開きにしたいという理由が、もし廊下が狭いからというものであれば引き戸にする方法もあります。

要望の裏にある「なぜそうしたいのか?」ということをたしかめもせず、「これがお客様の要望だから」という理由ですませて、サッサと着工してしまうことほど危険なことはないと思います。

お客様の要望に耳を傾け、それを形にしていくのがプロの仕事です。新しい価値観、あるべき方向性、普遍的な価値、予算などのすべてをひっくるめて適切なアドバイスをし、最適なプランを提示してもらえることが、本当のバリューではないでしょうか。

信頼できるパートナーとの出会い方

また、一流のプロに頼みさえすれば最高の理想の家を建てられるとは限りません。

こちらの要望を担当者が現場にしっかり伝えてくれなければ、お願いする相手が大手でも、また高いスキルを持った業者であっても、まったく意味がありません。「しっくりこない」「話がかみ合わない」と感じてしまう担当者と、一般的に見て「いい家」を作ったとしても、こちらのニーズを満たしてくれていなければ、まったくの本末転倒です。こちらのニーズを引き出してもらうためには、お互いの信頼関係が不可欠です。

「**こっちは客なんだから何でもいえる**」と思っていても、**実際に打ち合わせがはじま**

ると、意外と自分の希望を伝えることはできないものです。理想と現実のギャップを知り、誰もが自分にウソをつきはじめるからです。

「これをやると値段も高くなるからな……よく考えたらそんなのいらないし」。こう勝手に自分で判断して、セーブしてしまいがちになるのです。自分についたウソは、相手が自分であるだけに、見破るのが難しくなります。こちらの潜在的な気持ちを引き出してくれる、プロならではの提案をもらえる、そんなパートナーシップを築けるような担当者が、よい家を建てるためには必要です。

客に対して誠実な担当者と家づくりに対して誠実な担当者、どちらがパートナーとしてふさわしいと思うでしょうか？　私は後者だと思います。

いろいろな住宅展示場へ見学に行き、複数の業者から見積もりや提案を受けるのは、作りたい家のイメージや予算に合うところを探すという表面的な目的だけではありません。そこで対応する担当者が、「家づくりのパートナーとしてふさわしいか？」という視点で見ていくのも、とても大事なことなのです。

8

「値引き交渉」のコツと必殺のトーク法

「言うだけで80万円」値引きができる

不動産の値段を見ていくと、「3980万円」など「80万円」で終わる数字であることに気づくと思います。実は、この数字に意味はありません。特に10万円台の8という数字は「下げてくれ」と交渉すれば、すぐに引いてもらえるようなものです。

あたり前ですが「値下げしてくれ」といってこない人に対しては、そのままの値段で売ります。ということは、**「値下げしてくれ」という行為には80万円の価値がある**ということなのです。「言うだけで80万円」なのです。こんな割りのいい言葉はありません。

さらに、物件のウィークポイントを知り、その弱点を理由に筋を通せば、さらなる値下げを引き出すこともできます。こういう理由からも、物件の調査は大切なのです。

カギを握るのは目の前にいる営業マン

新築住宅やマンションのモデルルームにいる営業マンは、デベロッパーから物件の販売代行を請負う会社の社員です。つまり値引きの権限はありません。また、中古住宅の場合も、売主との仲介を行う仲介会社の社員ですから、やはり値引きの権限はありません。

しかし、値引きの起点になるのはあくまでも目の前にいる営業マンです。新築住宅やマンションの値引きであれば、モデルルームの営業マンから責任者→デベロッパーへ値引きの稟議書をまわし、デベロッパーの事業部長が決裁のハンコを押して、はじめて実現します。中古住宅の場合は売主が「うん」といって、はじめて実現します。

営業マンは顧客を決断に導くプロフェッショナル

営業マンは百戦錬磨のプロですが、不動産に関する法律や住宅の構造の専門家ではありません。

マイホームの購入には相当の決断力が必要です。下手な営業マンは、物件のいいところのアピールに終始しますが、本当の意味でいい営業マンは顧客の側に立ち、決断に必要なメリット、デメリットを含め、さまざまな情報を提供し、顧客の決断をサポートする立場を取ります。

さまざまな物件がありますが、ちゃんと検討すればするほど、値段相応のレベルで粒がそろっていることがわかってきます。

「高い物件は高いなりの理由がある」「安い物件は安いなりの理由がある」など、なかなか決め手がないという場面では、「あの担当なら信用できる」という商品そのものと関係ない理由で決断することがあります。そして、「決め手がないなら信用できるあの人に……」となるのが営業マン＝プロフェッショナルの存在です。

できる営業マンを担当につける方法

「値引きの稟議書にハンコを押させる」ために必要なのは、値引きについての最終権限を持っているデベロッパー、または売主との間に太いパイプのある、できる営業マンです。つまり成績優秀な営業マンです。できる営業マンを見分けるポイントは、「①

質問に対する回答の的確さ」「②即答できなかった場合のレスポンスの早さ」があるかどうかです。

特に「②レスポンスの早さ」は注目です。質問の中にはデベロッパーや売り主に直接確認しないと答えられないこともあります。こういった**反応の早い営業マンはデベロッパーとの間に太いパイプを持っています**。「今のこのタイミングなら、いくらまでの値引きならデベロッパーまたは売主が応じそうか?」、それをある程度的確に予想できる人だということです。

値引きを通させる殺し文句

営業マンは、稟議書を上げる以上は「成果」が必要です。いうまでもなく、それは「成約」です。「この値引きであれば購入する」という約束をする、購入の申込みの必要があるでしょう。

また、申込金として、数万円程度は入れる必要があります。そうでないと、デベロッパーや売主に相手にされません。しかし、まだ後述の「手付金」を払ってはいけません。とにかく交渉事では先にお金を払ったほうが弱くなるからです。

値引き交渉をするときには、こちらの「購入に対する本気度」と「具体的な金額の提示」が必要です。営業マンにもリスクがあります。値引きを承諾したあとに逃げられてしまったら、その後の売主との関係は悪くなります。「軽いノリで交渉しているな」と思われたら成功は難しいでしょう。

そこで、**百戦錬磨のプロフェッショナルである営業マンをその気にさせる言葉があります**。営業マンのプロフェッショナルとしての仕事を高く評価するのです。彼らのバリューは、顧客が住宅ローンという負債を負いながらも、マイホームを購入するという大きな決断のサポートです。

「あなたのおかげで決断できそうだ。ぜひ買いたい」

「最後にあなたに背中を押してほしい」

ここまでいわれて、値引きの稟議書を上げたくないという営業マンは少ないでしょう。その値引きを通すために、より可能性のある値引き額のラインを提案してきたり、購入動機や経済状態など、少し踏み込んだ質問をしたりしてくれれば、こちらのものです。値引きは高い確率で売主に承認されることでしょう。

まだ終わりではない、手付金の値引き交渉も忘れずに！

営業マンに値引きに成功しても、まだ終わりではありません。手付金を、不動産会社のいいなりに払ってはいけません。手付金は、不動産の売買契約を結ぶときに必要なお金です。手付金を払うということは、買い手の「ファイナルアンサー」という意味がありますが、実際にはそうではありません。

手付金を入れたあとから「良物件」が出るのがジンクスです。「もういい物件が出るわけない」と思っていても、必ず出てきます。そんなにいい物件でなくても、決めたあとに見る物件、特に広告で見る物件は魅力的に映るものです。

手付金の相場は5～10％ですが、双方合意していればいくら安くてもいいのです。「手付金に入れられる現金がないのです、ボーナスまで待ってもらえませんか？」。これがシンプルにして最善の交渉トークです。**最初にアンケートを書く際に「自己資金」を書く欄がありますが、そこは空欄にしておきます。これは営業マンには隠しておくべき「手の内」です。彼らは対戦相手であり、味方ではないのです。**銀行の審査項目になる預金の情報は「個人情報」なので、相手には知られません。頭金ゼロのフルローンで事前審査を通しておけば、手付金交渉を有利に運ぶことができるでしょう。

第4章

金利動向に左右されない住宅ローンの組み方

1 そもそも「住宅ローン」とは何か？

住宅ローンの本質と全体像をつかむ

「住宅ローン」とは、あらためて説明すると、自分の家の購入代金を、銀行などの金融機関から借りる借金のことをいいます。銀行は金融市場から資金を調達し、利益を乗せて住宅ローンを貸しています。住宅ローンの契約で取り決めた通りの返済を続けている間、マイホームには抵当権が設定され、もし住宅ローンを返済できなければ、家を売った代金で返済することを要求されます。

この章では、住宅ローンを自分で選ぶために必要な正しい知識と考え方を網羅していきます。まず、住宅ローンを組む前におさえておきたい3つのポイントがあります。

図4-1　住宅ローンの仕組み

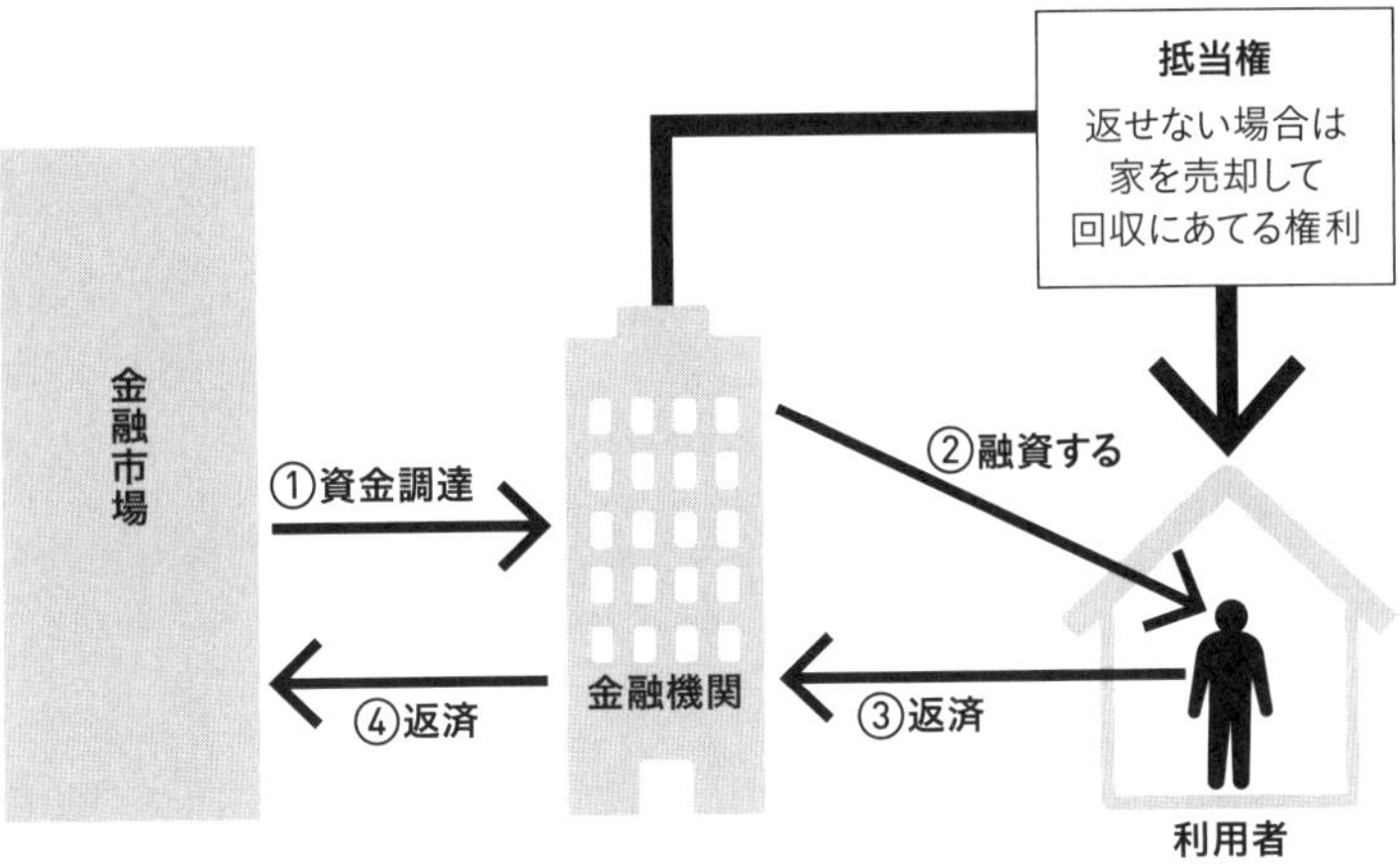

☑住宅ローンを組む前に知っておくべき3つのポイント

①「住宅ローンにどれだけの選択肢があるのか？」という全体を俯瞰する
②それぞれの特徴とメリットデメリットを知る
③自分に合った住宅ローンを選ぶ

まず、全体を俯瞰するために必要な情報はインターネットで入手できます。ただし、普通に「住宅ローン」に関するキーワードで検索して出てくるのは、「広告」サイトです。広告はその会社の商品を売るためのものなので、すべてバイアスがかかっています。偏りのない目線から「広告」を分析して、自分にとって最適な住宅ローンを選ぶ。実をいうと、これは初心者にとっては至難の業です。

その情報の入手方法、正しい利用方法は、知識のあるごく一部の人たちが独占しています。**正しい情報に正しくアクセスする。こんなあたり前のことが、情報があふれているがゆえに困難になっているのです。**

本書のひとつの目的は、それを知識がなくても理解可能な言葉にして、多くの人たちが、正しく住宅ローンを理解し、利用できるようになることです。

住宅ローンを取り扱う金融機関の全体像を知る

住宅ローンを貸す金融機関の数は、日本に1000以上あります。まずは、住宅ローンを取り扱う金融機関をグループに分けて、その特徴を把握していきましょう。

☑住宅ローンを扱う金融機関

①民間融資（ネット銀行含む）　②フラット35　③公的融資

図4-2　住宅ローンを取り扱う金融機関の特徴

民間融資	都市銀行	メガバンクとも呼ばれるメジャーな銀行で、住宅ローンの金利も低い反面、**審査が厳しめ。**
	信託銀行	メガバンクが信託業務を行うために設立している。メガバンクと同じく金利は低めで**審査も厳しめ。**
	地方銀行、 第二地方銀行	地域密着型の銀行。**審査は甘め**だが金利は高め。 ただし、**住宅ローンに力を入れている地銀ではメガバンクやネット銀行と遜色ない低金利商品もあるので要チェック。**
	ネット銀行	メガバンクや一般事業会社が設立した店舗を持たない銀行。店舗コストがかからないので金利は低いが、**審査は厳しめ。**保証料ゼロ円という銀行が多いが、その代わり融資手数料が高く設定されているので、結局最初のコストは都銀などと大差がないというカラクリになっている。
	モーゲージバンク	住宅ローン専門会社の金融機関。自社の資金からの貸出ではなく、フラット35を中心とした他の金融機関の住宅ローンを取り扱い、その事務代行手数料によって成り立っている。
	信用金庫 信用組合 労働金庫 農業協同組合	会員などの出資により設立された非営利法人。営利を目的とせず地域密着型で会員の利益を目的としてきめ細かい融資をするので**審査は甘め。** **住宅ローンに力を入れている信金などでは、メガバンクやネット銀行と遜色ない低金利商品もあるので要チェック。**
中間	住宅金融支援機構 （フラット35）	旧住宅金融公庫が民営化されたもの。従来取り扱っていた全期間固定型住宅ローンを「フラット35」として引き続き取り扱うこととなった。フラット35は民間金融機関やモーゲージバンクが融資した住宅ローン債権を買い取る、または保証するものだが、買取型が主流。そのため、契約の窓口は民間金融機関やモーゲージバンクであっても、実質的には住宅金融支援機構が債権者になっている。審査においては、団体信用生命保険の加入が任意、勤続年数を問わないなどかなり**通りやすい**のが特徴。
公的融資	財形住宅融資	勤務先で財形貯蓄を1年以上行っていて、残高が50万円以上ある人が利用できる。借入時の金利は1％前後（5年固定）で、財形貯蓄額の10倍まで借入できる（最高4000万円）。 民間融資やフラット35との併用も可能。
	自治体融資	都道府県や市町村が独自の融資制度を行っている場合もある。直接自治体が融資を行うタイプの他に、フラット35など所定の金融機関での借入利子を一定期間補給するタイプなどさまざまある。

①一般的に利用できる「民間融資」の特徴

「民間融資」は、銀行や信用金庫・労働金庫、モーゲージバンク（住宅ローン専門会社）、生命保険会社などが貸し出す住宅ローンのことをいいます。

競争は激化して、金利キャンペーンが常態化しています。金利タイプは、変動金利型、固定金利選択型、全期間固定金利型とさまざまです。そして、これら民間融資の資金は外部から調達して貸しています。資金を調達するには、コストがかかります。銀行もお金を借りて利息を払っているのです。次の2つの方法で調達しています。

☑銀行が資金を調達する主な方法

・調達金利……銀行が資金を外から調達するときに払う金利（仕入）。
・運用金利……銀行が資金をお客に貸すときにもらう金利（売上）。

もちろん調達方法にはいろいろ種類がありますが、基本的な理解はこれで十分です。**要するに、銀行は調達金利と運用金利の差である利ザヤを大きくすることを目的に、融資しているのです。**

民間融資で必要な保証料の仕組み

また民間融資では、ネット銀行を除いて保証料が必要になります。保証料とは、保証会社が銀行の住宅ローンの債権を保証する料金です。利用者が返せなくなったときに、代わって銀行に住宅ローンを弁済します。そして保証会社は払った住宅ローンを債務者（住宅ローン利用者）に請求します。利用者は、最終的には住宅を売却（または競売）して回収するのです。つまり、利用者は、自分が返せなくなったときのために、銀行の債権を保護する保証料を自分で払っている状態なのです。

保証料無料の「ネット銀行」

ネット銀行は店舗を持たず、インターネットを介した取引を中心とする銀行で、店舗を最小限しか持たないことから、営業にかかる経費が安く、その分、住宅ローンの金利や繰り上げ返済手数料なども安く設定されています。一般的な民間銀行では必須になる「保証料」もゼロ円です。

しかし、総じて「融資手数料」が融資額に対して高いのです（融資額の2％プラス消費税というケースが多い）。その高い融資手数料率は、ホームページ内に虫眼鏡で

図4-3　民間融資の保証料の仕組み

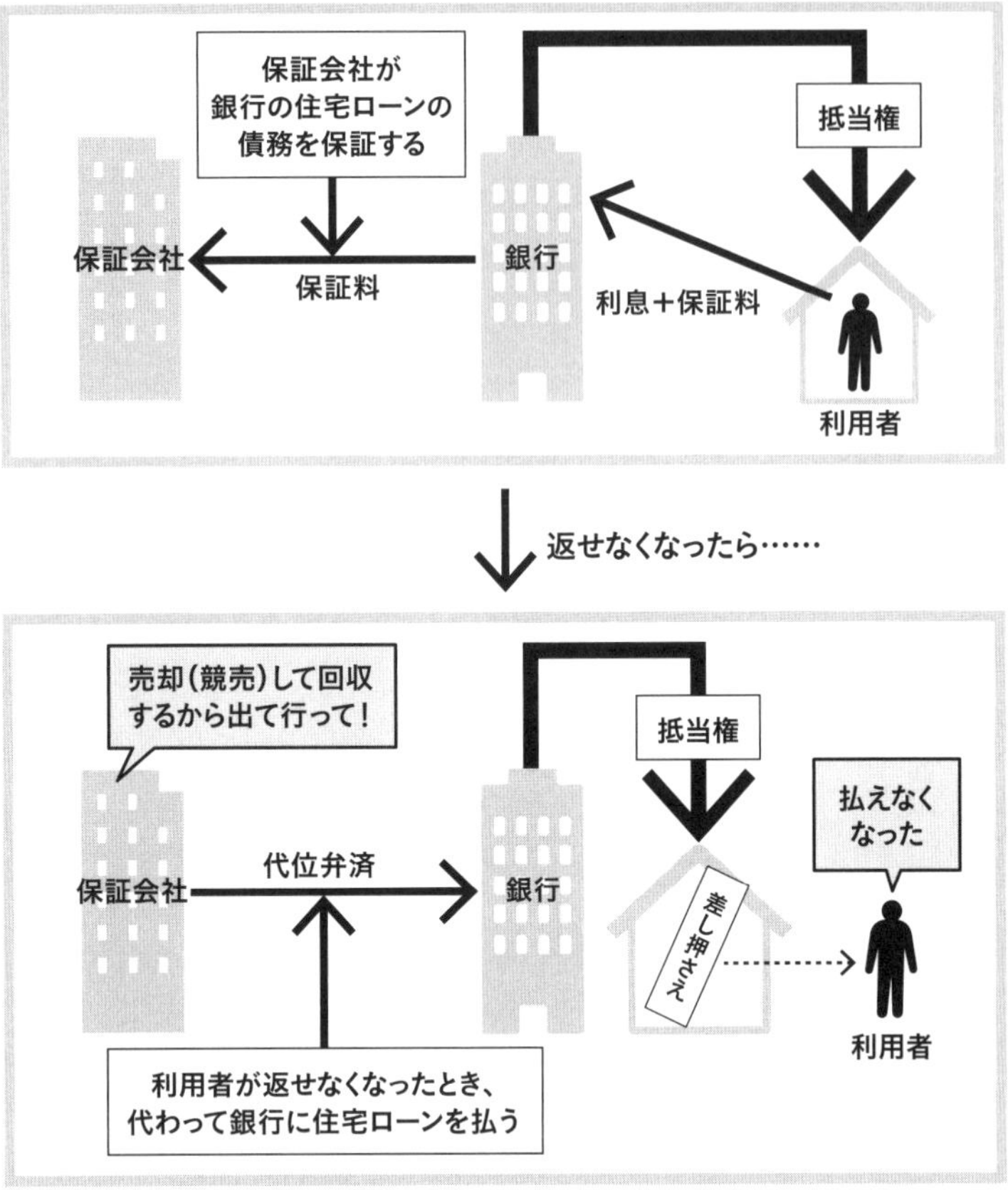

＝
利用者は自分が返せなくなったときのために、
銀行の債権を保護する保証料も自分で払っている状態

なければ見えないような、薄く小さな字で表記されています。

② 民間融資と公的融資の中間に位置する「フラット35」

フラット35は、住宅金融支援機構（旧住宅金融公庫）が取り扱う長期固定金利の住宅ローンです。住宅金融支援機構は銀行やモーゲージバンクからフラット35の債権を買い取って証券化し、機関投資家に債券市場を通じて「機構債」という金融商品として販売する仕組みになっています（買取型）。

銀行やモーゲージバンクは、フラット35の利用者が返済できなくなっても取りっぱぐれがないのです。融資の事務を代行している位置づけです。住宅金融支援機構は国の機関なので、民間融資のように保証料を取りません。いわば、保証料ゼロ円です。

また、フラット35の審査基準は、民間融資とは一線を画す通りやすさです。例えば、民間融資では団信（団体信用生命保険）へ加入できる健康状態が必須ですが（166ページで詳述します）、フラット35では任意です。他にも勤続年数を問わないなど、民間の金融機関ではなかなか審査に通らなかった人でも、借りられるのがメリットです。

図4-4　フラット35の仕組み

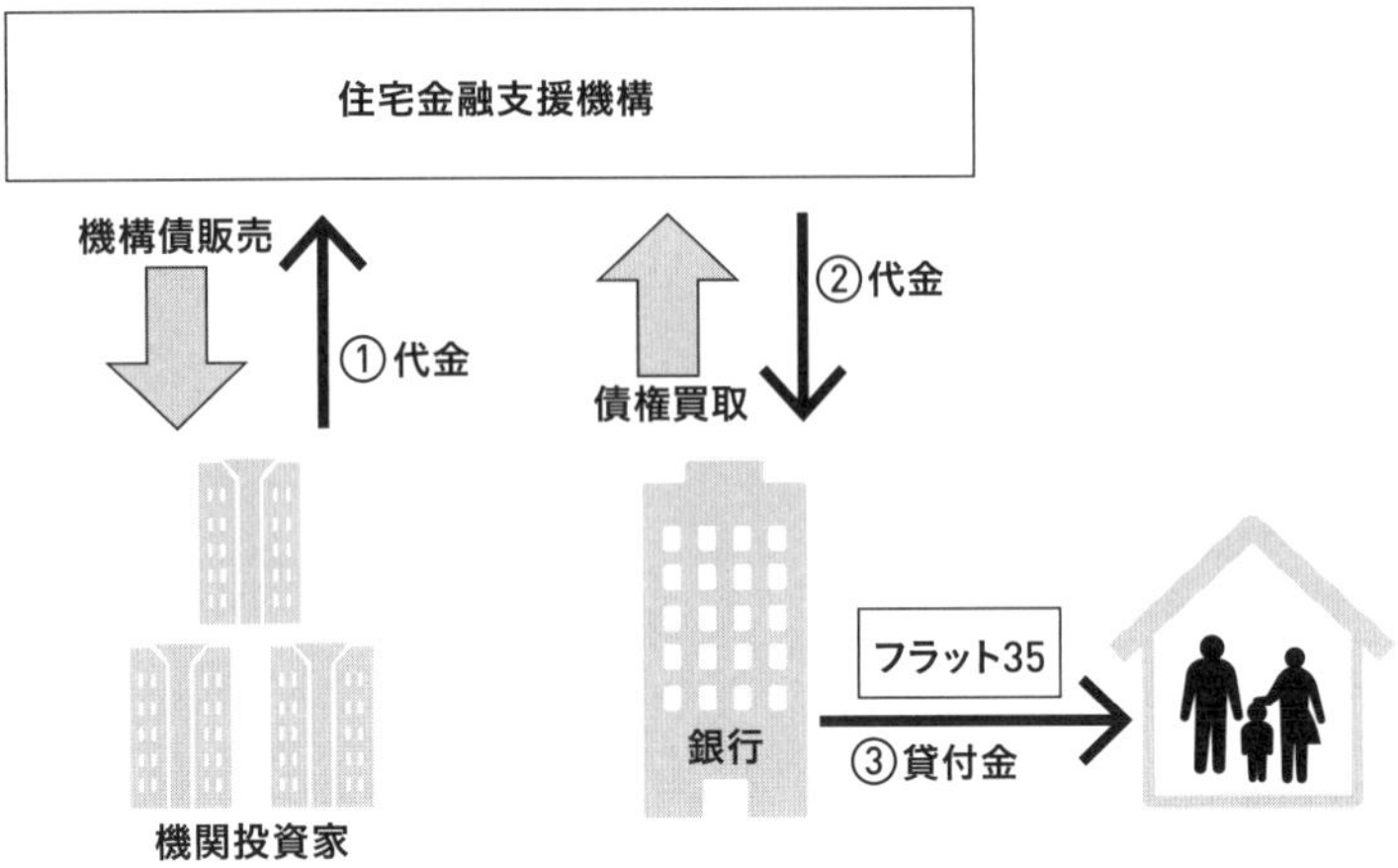

ただし、借入可能枠は、住宅の担保評価額の9割までという上限がありま す。住宅の価格の1割の頭金を自己資金として準備しておく必要があります。

③知らないと損をする「公的融資」

公的融資の代表的なものに、「財形住宅融資」があります。これは住宅金融支援機構が取り扱う住宅ローンで、5年ごとに適用金利を見直す「5年間固定金利制」です。次のような条件を満たす必要があります。

☑財形住宅融資を満たす条件

①財形貯蓄を1年以上続ける

②申し込み日前2年以内に財形貯蓄の預け入れを行う
③申込日の貯蓄残高が50万円以上あるなどの条件を満たす

フラット35同様、審査に通りやすいのがメリットです。ただ、5年ごとに金利を見直すのでフラット35のような長期固定ではありません。

しかし、財形住宅融資は子育て世帯の借入金利を優遇しており、これは財形住宅融資の当初5年間の金利を0・2％引き下げるというもので、民間融資やフラット35にはないメリットです。

都道府県や市町村が独自の融資制度を行っている場合もあります。直接自治体が融資を行うタイプのほかに、フラット35など所定の金融機関での借入利子を一定期間補給するタイプなどもあります。

金利変動リスクを自分と銀行どちらが負うか？

次に住宅ローンの金利タイプについて確認しておきましょう。金利タイプは大きく2つに分けられます。

☑住宅ローンの金利タイプ

・変動金利……銀行が必要に応じて金利を変動させることができる。
・固定金利……借入期間に渡り金利を固定する。

変動金利は銀行間の資金融通の金利である「短期プライムレート（短プラ）」に影響を受け、その短プラは日銀が銀行に融資する政策金利の影響を受けるといわれます。つまり、銀行が借りてくるときの金利が上がれば、変動金利を上げて確実に儲けられるようにしているのです。

これに対して、固定金利は市場の金利がどうなろうが、最後まで金利を変えないので場合によっては銀行が逆ザヤになる（損する）可能性もあります。

したがって、変動金利と固定金利の本質的な違いは、住宅ローンの利用者と銀行のどちらが金利変動リスクを負うかというものです。次のように覚えておきましょう。

☑2つの金利タイプの本質的な違い

・変動金利……金利変動リスクを自分が負う。

・固定金利……金利変動リスクを銀行が負う。

安い変動金利で借りるなら、自分で金利変動のリスクに対応しなければなりません。固定金利では銀行が金利変動のリスクを負ってくれるので、その分、金利が高くなるのです

景気と住宅ローン変動金利の基礎知識

短プラは変動するという説明をしましたが、誰が短期を上げたり下げたりしているのでしょうか？　それは、日本政府です（日本銀行ともいいます）。

短プラは、政府が民間銀行に融資する政策金利の影響を強く受けます。政府は景気をよくするために投資や消費を促進したいときは政策金利を下げます。これが「金融緩和」というものです。反対に、景気の過熱を抑制したいときには投資や消費をしにくくするために政策金利を上げる「金融引き締め」を行います。

「景気にブレーキをかける必要なんてあるの？」と思いますよね。わかりやすく解説します。

好景気で人々の購買意欲が高まっているときに大量のお金が市場にあると、その国

の貨幣の価値がどんどん下がってしまいます。同じモノを買うのに必要な価格が上がる状態です。これをインフレーション（インフレ）といいます。インフレには正常なインフレと過度なインフレがあります。

☑正常なインフレと過度なインフレ

・正常なインフレ……給与上昇＝物価上昇となっているとき。上がった価格が人々の労働に分配されていく。
・過度なインフレ……給与上昇＜物価上昇となったとき。原材料や税金など、労働者の所得以外の部分が上がり、人々の生活を圧迫してしまう。

あまりに景気の上昇スピードが速いと「過度なインフレ」になってしまい、かえって国民の生活を脅かしてしまいます。そのため、**日本銀行は国民の生活を守るために適度なブレーキをかけようとするのです**。しかし、この利上げ（金融引き締め政策）というのは、タイミングとさじ加減がとても難しいのです。

遅ければ、また、利上げが少なければ価格の上昇にブレーキがかからず、過度なインフレになってしまいます。逆に速すぎると、また利上げしすぎると、せっかく上向いた景気が減速し、不景気に逆戻りしてしまいます。少しでもタイミングと量を間違えば、失敗します。どんなタイミングでどれくらい上げればベストかというのは、やってみないとわからないのです。

変動金利は止まっており、固定金利は動いている

「変動金利は止まっています」「固定金利は動いています」というと、禅問答のように聞こえるかもしれませんが安心してください。わかりやすい損得勘定の話です。好景気でインフレ時、政府は投資や消費を抑えるために政策金利を上げますが、不景気のデフレ時は政策金利を下げます。

人々の収入が上がり、それが物価に反映して同じペースで物価が上がるゆるやかなインフレ状態では、むしろ、もっと上がる前に、今のうちに家を買おうという心理状態が大勢を占めます。つまり、収入が景気の影響を大きく受ける人にとって、変動金利は負担を一定にする効果があるのです。**金利は変動していますが、自分の収入も連動しているので、相対的に自分の目から見たら止まっているのです。**

それならば、固定金利は相対的に動いているというのはもうおわかりでしょう。好景気のインフレ時には、収入は増えても固定金利は一定のため負担は軽くなります。

しかし、不景気のデフレ時には収入が減っても固定金利は一定ですから、負担は重くなります。

つまり、収入が景気の影響を大きく受ける人にとって、負担を変動させるのが固定金利なのです。例えば、公務員のように、収入が景気の影響をあまり受けない人にとっては、負担を一定にする効果があるということです。

今後、変動金利はいつ上がるのか？

私が家を買うときに知恵熱が出るほど頭を悩ませたのが、住宅ローンを「変動金利にするか、固定金利にするか」でした。とにかく住宅ローンを選ぶのは、まったく楽しくないことです。「今後、何十年も負債を背負っていかなければならない」「失敗すると家を取り上げられるかもしれない」、と考えることが楽しい人はいないでしょう。

私の妻は、「アナタ、会計士なんだから、こういうの得意でしょ？」と丸投げ状態でした。しかし、現役の会計士であっても、当時まだ住宅ローンの専門家である「千日太郎」になっていない私にとって、これは極めて難しい問題でした。

変動金利はたしかに安いのですが、銀行の都合で基準金利が上がったり下がったりします。そのリスクを取っていいものかどうか、悩んでいたとき、ある銀行のファイナンシャル・プランナーに相談して返ってきた答えが、「多分上がらないですよ」というものでした。「アナタが決めているんだったらいいけどね」という皮肉が喉まで出かかりましたが、黙ってその銀行と連絡を取ることはやめました。

銀行間の赤字覚悟の価格競争は、いつか終わりがくる

「**今まで上がったり下がったりを繰り返していたのだから、下がったあとには必ず上がるはず**」というのは定説かもしれませんが、論理的な根拠に欠ける理由です。しかし、これだけはいえることがあります。そういっている彼らが「上げたい」「上がってほしい」と心底思っているということです。

例えば、ネット銀行などが出している0・45％前後の変動金利で、銀行がいくら儲かるのかと考えたことはありますか？　銀行は金融市場から資金調達しており、メガバンクの調達金利は0・28％前後です。これと変動金利との差が銀行の儲けとすると、0・17％ほど。3000万円貸したとしても、年間でたった5万円の儲けなのです。

それでもやっていけるのは、**過去の高い金利で借りている人から、毎月の利息が黙っていても入ってくるため**です。銀行がこの赤字覚悟の価格競争を維持できるのは、こうしたカラクリがあるのです。

そして、この価格競争は、銀行間の借り換え競争も次のように激化させました。

・前からA銀行で借りている人：「金利が高いから安いB銀行に借り換えよう」
・前からB銀行で借りている人：「金利が高いから安いA銀行に借り換えよう」

銀行間で、お互い過去の高い金利で借りてくれている人を交換しているのです。そして、今の激安金利で貸しているというのは、まるで巨大な蛇が自分の尻尾を飲み込んでいるような状況なのです。

「そんなバカなことやめればいいのに……」と思うかもしれませんが、やめたいけれどやめられないのが価格競争というものです。しかし住宅ローンに返済期限がある限り、この価格競争には終わりがやってきます。

団塊ジュニアの人件費がピークとなる2023年からが危ない

住宅金融支援機構の調査によると、2015年の住宅ローンの完済債権の平均経過期間は14・4年だったそうです。短い感じがするのは、借り換えも完済としてカウントされるからです。実際、2016年1月からはじまったマイナス金利政策で住宅ローンの金利が未曾有の低金利になり、多くの人が住宅ローンを借り換えました。2008年のリーマンショック以前の高い金利で住宅ローンを借りた人が、平均して14・4年で完済する、または借り換えているとすれば、こういう計算になります。

2008年+14・4年≒2023年

つまり、2023年になると、リーマンショックの2008年以前の高い金利水準で借りている人はほぼいなくなり、2016年以降の超低金利で住宅ローンを借りている人が大半を占める状態になるのです。

さらに、団塊ジュニア世代が50代になるのが2021~2024年です。一般的に賃金のピークは50代の前半なので、団塊ジュニアの年齢が上がるにつれて人件費の負担が重くのしかかります。

2023年には予測はできても避けようのない高齢化社会の波がやってきます。これは、すべての銀行が同じく直面する問題であり、**すべての銀行が横並びで基準金利を上げやすいタイミング**でもあるのです。横並びで一斉に金利を上げれば、他行に借り換えられないですし、繰り上げ返済されても、元々赤字の金利だから気にせず損切りしようということで、足並みをそろえやすいタイミングなのです。

もちろん、銀行がこの問題に対処する方法が、必ずしも住宅ローンの金利を上げることになるとは限りません。しかし、事実として住宅ローン事業からの撤退や、大規模な人員のリストラを計画している銀行もあります。

ゴールは審査を通すことではなく、そのずっと先にある

家を買う際、住宅ローンは必ずセットになってきます。ですから、「**自分にとっての住宅ローンとは？」という命題に対して、ちゃんと向き合うことが、最も失敗のない選択につながります。**

不動産会社にとっての住宅ローンとは、「審査を通すもの」です。彼らにとっては

家を売ることがゴールだからです。

銀行にとっての住宅ローンとは、「利息と元本を回収するもの」です。ローン完済後、貯金を使い果たした利用者が老後破産しても、それは彼らにはまったく関係のないことなのです。

しかし、私たちにとって審査はゴールではなく、そしてスタートですらありません。私たちにとっての住宅ローンとは、家を買う「人生のプロジェクト」の資金計画です。ただ審査を通してお金を借りるということだけではなく、金利の変動や高齢化の波に飲まれることなく、家族と自分の人生を守る資金面の計画そのものなのです。

2 変動金利の上昇リスクに備える「2つの4」

金利の上昇リスクに備える考え方

変動金利とは、銀行の都合で金利を上げたり下げたりできる金利タイプですが、数ある住宅ローンの中でも金利が安いので、はじめて住宅ローンを組む人が必ず一度は検討します。しかし、誰もが「金利は安いけれど、上がったら怖いな……」という意識を持っています。それでも変動金利を選んだ人に聞くとこんな答えが返ってきます。

「変動金利は上がるかもしれないけれど、今の収入では変動でないと家計が苦しい」
「変動金利は当分上がらないと思う」
「先のことはわからないから、上がったら上がったときに考えればいい」

これらは素人の考え方です。金利が上がったとしても、対応できるようなプランを立てる必要があります。

変動金利は借りたあとからが勝負です。金利が上昇したときのために、繰り上げ返済のための貯蓄を行う必要があります。金利の上昇が家計におよぼすダメージは、**変動金利のルール（5年ルールと125%ルール）と、住宅ローン控除という制度によって、かなりの部分が緩和される**ように設計されているのです。

「5年ルール」と「125%ルール」で固定される支払額

「5年ルール」とは、金利が上昇しても5年間は直前の元利均等返済額を維持するというものです。つまり、急に金利が上がっても毎月の支払いが急に増えるわけではありません。

「125%ルール」とは、金利が上昇してから5年経過して毎月の元利均等返済額を増やすときには、直前の125%を上限にするというものです。つまり、大きく金利が上がっても毎月の支払いは125%までしか上がらないことを示しています。この125%は、5年間は維持されます。

ですから、元本が多い当初の10年間の元利均等返済額については、最大でも最初の

125%までしか上がることはないのです。

「住宅ローン控除」で上昇した金利負担が軽減される

金利が上がって返済額が変わらないと、元本の減りが遅くなります。底だまりに元本が残ることになりますが、これに対しても金利がかかります。しかし、「住宅ローン控除」がある10年間（消費増税後は13年間）は、その金利負担が軽減されるのです。

住宅ローン控除は、住宅ローンの利息を国が肩代わりしてくれる減税制度です（194ページで詳述します）。これは年末調整で返ってきます。その金額は、最大で12月末時点の住宅ローン残高の1%です。次の通りです。

☑住宅ローン控除のキャッシュバック

・家を購入した年の年末から数えて10回（消費増税後は13回）。
・年末の住宅ローン残高の1%（消費増税後の11回目～は、それと建物価格の2%の3等分のどちらか少ないほう）を上限として税金を還付する。

「当初の10年間」は元本が多いため、返済額がなかなか減らない苦しい時期です。仮にここで金利が上がると、さらに元本の減りが遅くなってしまいます。しかし住宅ローン控除は、元本が多いほうがその恩恵も大きくなります。元本の減りが遅いほうが有利に働くわけです。

金利の上昇リスクに備える「変動金利の2つの4」

それでも、金利の上昇リスクには、ある程度の備えが必要です。私は変動金利で借りる場合、次の2つの条件をクリアすることをお勧めしています。これを「変動金利の2つの4」と呼んでいます。

☑「変動金利の2つの4」

・毎月の元利均等返済額の4分の1以上を貯金する。
・右記の貯金と元利均等返済額を手取り月収の4割（40％）以下にする。

毎月の返済額の4分の1以上を貯金できると、銀行が一度に上げる上限の125％にいつでも対応ができるようになります。5年ルールと125％ルールがあるので、変動金利で住宅ローンを借りてすぐに金利が上昇するケースでも、10年間は125％までしか支払は増えないのです。

手取り月収の4割以下にする理由は、それがサラリーマンの平均的な月収を想定した場合に、無理のない返済額の目安だからです（40ページ参照）。

繰り上げ返済で残高をコントロールできる人に向いている

変動金利でのローンの返済が向いているのは、ローンの残高をコントロールできるタイプの人です。まず大前提として、「金利の動向を見て銀行を乗り換える」「金利タイプを変更して安い金利を維持する」などという考えは捨ててください。

「いつ金利が上がるのか？」「どれだけ上がるのか？」は銀行に握られているので、私たちにとっては完全に不利な状況です。これに対して、「金利が上がったらどれだけ繰り上げ返済するか？」は、銀行にはコントロールできません。ネットで手続きすればいつでも、ノータイムで、無料で繰り上げ返済をすることができるからです。

金利の上げ下げの主導権を握られるのは仕方がないことです。**私たちにできるのは、金利が低いうちに、また、住宅ローン控除で守られているうちに、繰り上げ返済のた**

めの貯蓄を貯めていくことです。それが銀行への対抗手段であり、それを実行できる人が変動金利に向いているのです。

「変動金利の2つの4」をクリアできるタイプの人とは？

手取り月収で、「変動金利の２つの４」をクリアすることが最低ラインです。また、コツコツ貯金ができる人にも変動金利は向いています。条件的に「２つの４」をクリアしていても、４分の１を貯金しなかったら、結局クリアできていないのと同じことです。

今後家を買い替える可能性がある人にも変動金利はお勧め

これから家族が増えるかもしれない、また海外への転勤などで家を手放す可能性もあるなどの理由から、「この家にずっと住むとは限らない」という人にも変動金利はお勧めです。住み替え、つまり売却して繰り上げ返済する選択肢が取れる人だからです。

金利変動リスクを負う覚悟とライフプランとの相性

「今は変動金利が安いから」「変動金利を選ぶ人が多いから大丈夫だろう」という理由で変動金利を選んではいけません。金利の上昇に耐えられないリスクを負うことになるからです。かといって、金利上昇リスクを過大に評価して、固定金利を選ぶのもＮＧです。その後、数年で買い替えるのであれば、35年も金利を固定させる必要などなかったということになります。

変動金利のタイプの特性をしっかりと把握し、自分のライフプランに合った商品を選びましょう。

3

固定金利は結果的に「割安」になる

固定金利は「いつ借りるか？」が重要

住宅ローンの金利は毎月のはじめに発表され、それが1か月に渡り適用されます。そのため、**毎月金利が変わる固定金利で住宅ローンを組む場合は、何月に借りるかがとても重要になってきます。**たった1日違うだけで、最長35年間払う利息が変わってしまうのです。ですから、固定金利で住宅ローンを借りようとしている人は長期金利の動向をよく見ておかねばなりません。

「フラット35」の金利は前の月から予測できる

金融市場の長期金利の動向を予測するのは、専門家でも困難です。しかし、固定金利として代表的な「フラット35」の金利は、前の月から予測することができます。

住宅金融支援機構は、銀行やモーゲージバンクからフラット35の債権を買い取って証券化し、機関投資家に債券市場を通じて「機構債」という金融商品として販売しています（115ページ参照）。

つまり、フラット35のお金は、元をたどれば住宅金融支援機構の機構債の販売代金であり、機構債の表面利率とは機構債を買う投資家の投資利回りです。ですから、次の式でフラット35の金利を予測することができます。

フラット35金利＝機構債の表面利率＋機構の必要経費や団信等の率

機構債の表面利率は毎月の中旬から下旬ごろにホームページで公開されています。フラット35の金利はその翌月の1日に発表されるので、**「予測する」というより「予定に基づいて推測する」に近い**です。具体的な予想については、私のブログで毎月中旬から20日前後に公開しています。

融資の実行日は翌月と今月の低いほうを選べるように「月末近く」にしておく

翌月の金利が下がることがわかっても、すでに融資を実行してしまったあとでは、

図4-5　フラット35の金利は前の月から予測できる

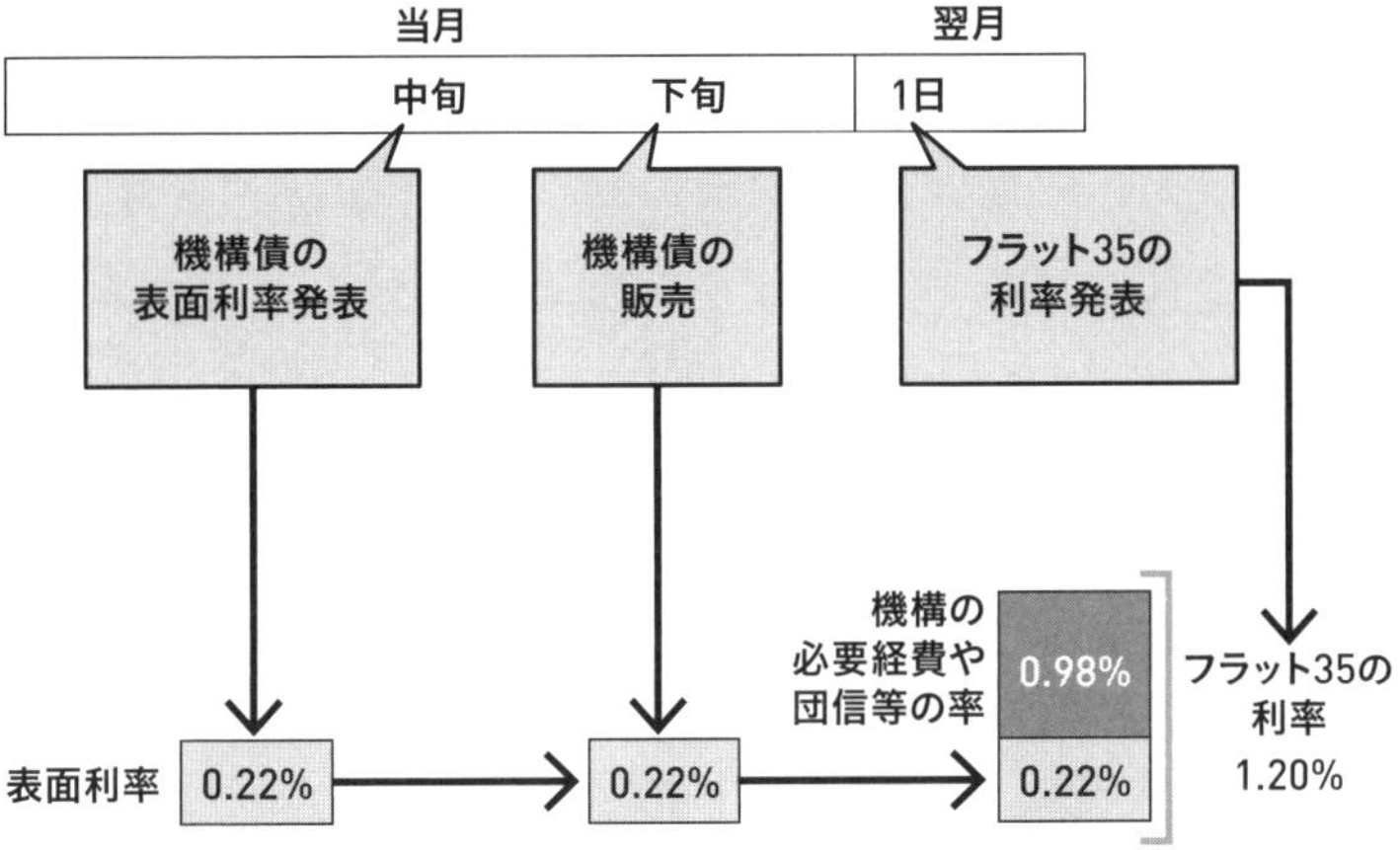

まさに「後の祭り」です。ですから、融資の実行日は月末、ないし月末近くにしておくようにしましょう。そうすれば、次の2つのように低いほうの金利で住宅ローンを借りることができます。

☑融資の実行日の判断目安

・もしも翌月に金利が上がる予測なら、予定通り月末に融資を実行する。
・もしも翌月に金利が下がる予測なら、融資の実行を翌月に延期する。

もちろん、100%予想通りになるという保証はなく、その点は覚悟しておく必要があります。もし実行日を変更する場合はスケジュールを変更することになり、不動産会社、売主、銀行に調整をお願いしなければなりません。

実際に私のブログに寄せられた相談者で、当初は月初に物件の引き渡し日を予定していたのを、私のアドバイスにより月末に変更してもらったというケースがありました。その相談者はこの変更ができたことで、各行の金利内容を見てから判断をすることができてよかったという経験を、次の川柳に詠まれていました。

遠慮せず　まずは希望をいってみる　相手はそれほど　負担じゃないかも

固定金利を選んだら、その後変動金利が上がらないと損？

「自分が固定金利にして、変動金利が上がらなかったら損な気がする……」と考える人がいます。しかし、私たちは利益を求めて住宅ローンを借りるのではありません、マイホームを購入するためです。つまり、**固定金利による毎月の支払い額が、その家の値段なのです。**

「毎月これだけの支払いであれば、この家に住んでもいい」。これが、固定金利を選ぶときの判断の物差しです。

ですから、固定金利でその家を購入したのなら、仮にその後、変動金利がどうなろうと関係ないのです。「自分と違う選択をした人が損をしないと得した気にならない」と考える人もいるかもしれません。しかし、それは金融市場に投資家として参加する場合の原理であって、私たちとは無縁のものです。

固定金利はどんな人に向いているか？

「固定金利は高いな……でも変動金利が上がらなかったら損だ」。もしも、こういう認識であったのなら、ひとつレベルアップできたのではないかと思います。

固定金利が合っているのはどんな人か、どんな人に固定金利がお勧めか、次の2つの考え方を説明していきましょう。

公務員など収入が景気の影響を受けにくい人

「好景気のインフレ時には金利が上がる」「不景気のデフレ時には金利が下がる」という傾向があります。もし今後好景気のインフレになって金利が上がっても、固定金利ならば収入に対する支払いの負担は軽いままで一定です。収入が景気の影響を受けにくい人にとっては、固定金利が有利に働きます。

変動金利の元利均等返済額の25%を貯蓄できるだけの収入がない若い人

社会に出てからまだ間がないという人にも、固定金利はお勧めです。固定金利ならば金利変動リスクはなく、支払がずっと一定になります。一定額の負担に対して収入はこれから伸びていくわけです。前半は大変ですが、高齢化社会のリスクが増大する後半は楽になっていくバランスのいい返済計画になります。

まとめとしては「固定金利は割安」

変動金利と固定金利を比べると、変動金利のほうが安いです。その理由は、金利変動リスクを利用者側が負うからです。銀行には大きな資本があるため、金利の変動リスクへの対応力は個人よりも大きいので、銀行がリスクに対応するほうが個人よりも容易なのです。

☑固定金利は金利が上がったときのための保険料

・変動金利……金利変動リスクを負う住宅ローンの値段。
・固定金利……金利変動リスクを負わない住宅ローンの値段。

つまり、固定金利には金利が上がったときのための保険が上乗せされているのです。**保険料と考えれば、今の固定金利はかなり割安といえるのです。**

4 当初固定金利は一定期間後、少し高めの変動金利になる

「今後どうなるかわからないから、とりあえず当初固定金利」は禁物

「当初固定金利」のことを、銀行の融資担当者に聞いたら、「当初の固定期間は金利が固定されていますが、その期間が終了すると、あらためて金利を選び直すタイプの住宅ローンの商品です」という答えが返ってくるでしょう。

しかし、**金利が安いのは当初の数年だけで、残りの大部分の期間は変動金利よりも高い金利が適用されることになります。**これは、残りの大分部の期間が金利変動リスクにさらされてしまう、実質的に変動金利です。

「当初固定金利」という表現が誤解を生むのでしょう。別の表現をするなら「当初固定期間後、ちょっと高めの変動金利」です。

当初固定金利タイプの本質と心構え

先の銀行の説明には、「そのまま、当行で借り続けてほしい」「その場合、惰性で高めの金利に移行してほしい」という銀行側のバイアスがかかっています。

人生最大の契約である住宅ローンを借りるときは、金利に対してナーバスになるのですが、やがてその状況に慣れてしまいます。日々の生活や仕事ではいろいろな問題が起こるので、金利のことを考えなくなるからです。

当初の固定期間が終わって変動金利に移行したとき、仮に月に数千円の支払いが増えたとしても、「まあ、払えない金額じゃないし……」となり、**惰性でそのまま続けてしまう人が一定数います。まさに、銀行の狙いはそこにあります。**一人ひとりの利用者にとって月に数千円なので負担はあまりないかもしれませんが、それが何十年も安定して続くことは銀行にとって大きな利益になるのです。ですから、私たちの取る方針は次のようになります。

☑当初固定金利タイプで取るべき方針

・借り続けない……他行への借り換え、多額の繰り上げ返済、家の買い替えを検討。

・高い金利に甘んじない……他行への借り換えをちらつかせての金利交渉を行う。

「とりあえずビール」はアリですが、「とりあえず当初固定金利」はナシです。最初が肝心です。住宅ローンのプレッシャーも、時を追うごとに薄まっていきます。今決められないことが3年後、5年後、10年後に決められるわけがないのです。

当初固定期間は何年にすればいいのか？

住宅ローン控除の期間に近い固定期間がおすすめです。消費税8％なら10年、消費税10％なら13年です。減税の恩恵をフルに受けてから多額の繰り上げ返済をするのです。13年固定の住宅ローンはこの執筆時点では存在しませんが、増税後はできるかもしれません。

そしてもうひとつ、定年までの年数を考える必要があります。毎月の返済額のハードルを下げるために、最長35年で住宅ローンを組む際には、固定期間は定年までの期間で必要にして十分です。固定期間は長いほうが安心ですが、その分金利も高くなります。例えば、**定年退職までの期間が20年前後である場合、固定期間を30年にする必**

要はありません。

定年間近まで約定通りに返済していけば、それなりに住宅ローンの元本も小さくなっているはずです。元本が小さければ、金利が上がっても怖くありません。極端な例ですが、借入が１００円なら別にトイチ（10日で1割）の金利だって怖くないはずです。

当初固定金利はどんな人に向いているか？

当初固定金利の本質は金利変動リスクを負う「変動金利」です。つまり、１３２ページで説明したように、残高をコントロールできる人に合った金利タイプといえるでしょう。固定期間が終わったときには、借入残高を安全圏まで減らせるようにしておけばいいのです。**金利動向ではなく、そのときに自分がローン残高をいくらまで減らすことができるかを考える**のです。

支払利息は「ローン残高×金利」で計算されます。金利は予測できませんし、自分でコントロールすることもできません。しかし、ローン残高は貯蓄の計画を立ててコントロールできる要素です。

次のどちらかにあてはまるなら、10年固定のリスクをメリットにできるでしょう。10

年経過後には借り換えたり、金利の交渉をしたりする情報収集と交渉力が鍵になります。

☑10年固定のリスクをメリットにできる人

・経済の動向や住宅ローンの金利情報を抜け目なく収集する情報にマメなタイプ。
・今後の仕事でのキャリアアップ、収入アップに強いモチベーションがあるタイプ。

次のような人は例外ですが。

☑10年固定のリスクにデメリットがない人

・即金で購入することのできる自己資金を持っている人

即金で買える人でも、住宅ローン控除があるので、結果的に住宅ローンを借りたほうが儲かるのです（202ページで詳述します）。

自己資金ゼロで家を購入する高額所得者にはメリットが

基本的に、十分な自己資金のない人が家を購入することはお勧めしません。しかし、自己資金ゼロのフルローンで家を購入する高額所得者には、10年固定がひとつの活路になることはたしかです。

当初の10年間は金利が固定されているうえに、住宅ローン控除で家計はかなり助かります。その安全な10年の間に、あとから頭金プラスαの自己資金を貯めるのです。そして、満を持して10年後に大量繰り上げ返済をしていくのです。

当初固定金利は、ある程度潤沢な自己資金がある50代からのシニア層にもお勧めです。例えば、定年退職までの期間が10年であれば10年固定に住宅ローン控除、全額繰り上げ返済のコンボで、確実に最小の支払いで家を手に入れることができます。

住宅ローンの選択に「先送り」は禁物

「変動金利は安いけど金利変動が怖い、固定金利は高い、どっちか決められない……」などと、決断を先送りして当初固定金利を選んでしまう人が一定数います。しかし、むしろ当初固定金利の本当の姿は、今後の計画をドラスティックに決める人や、決めざるを得ない人にこそ向いている金利タイプです。

何より、どの金利タイプを選ぶにしても決断の先送りは禁物です。

5 金融情勢が不安定なときは？

複数の金融機関、金利タイプで審査を通しておく

変動金利は借りたあとからが勝負です。変動金利は住宅ローンがスタートした時点で安いことが魅力ですが、上がったときには繰り上げ返済するための準備として、貯蓄を行っていく必要があります。これに対して、**固定金利は借りるまでが勝負**です。

安倍政権が続く限りは、おそらく長期金利の上昇を抑制する金融緩和政策を継続するでしょう。フラット35を中心として固定金利が低い状況が続くと予想しています。

しかし、「固定金利だけ」というのも危険です。長期金利は必ずしもセオリー通りに動くとは限らず、思わぬことがトリガーとなってヒステリックに反応することもあります。２０１６年は英国のＥＵ離脱ショック、２０１７年はトランプ大統領の誕生によって長期金利が乱高下しました。

２０１９年は米中貿易問題や米政策金利の引き下げによって低金利が続きました。後半には米中協議の進展を期待する投資家によって債券が売られ、日米ともに金利が上がりましたが、依然として先行き不透明な状況が続いています。

住宅ローンは申込から実行まで、６週間が目安です。６週間もあれば北朝鮮をめぐる情勢が急展開し、金利動向が１８０度ひっくり返ることは十分にあり得ることです。つまり、**たまたまその月に長期金利が高騰しただけなのに、今後35年間の金利が決まってしまう怖さが固定金利にはある**のです。

金利タイプや金融機関を早くからひとつに絞ってしまうのではなく、金利の決まり方、対応の仕方が異なる複数の金利タイプ、金融機関で審査を通しておくことが重要です。

6

「元利均等返済」と「元金均等返済」ではどっちが得か？

「元利均等返済」と「元金均等返済」とは？

住宅ローンの元金と利息の返済方法には、元利等返済と元金均等返済があります。銀行は元利均等返済を勧めるのが普通で、そのほうが審査に通りやすいです。どう違うのか、説明していきましょう。

毎回の返済額が一定で返済計画が立てやすい「元利均等返済」

「元利均等返済」は、毎回の返済額が同じ額になる返済方法です。文字通り、「元利」が均等になるようになっています。金利が変わらない限りは、毎回の返済額が一定になるので、**返済計画が立てやすいのがメリットです。**

毎回の返済額は一定ですが、元金部分と利息部分の内訳が、前半は利息部分が多く、元金部分が少ないため、元金の減り方は遅くなります（図4－6）。

当初の返済額が一番多く、将来の返済額は少なくなる「元金均等返済」

「元金均等返済」とは、毎回支払う「元金」部分が均等になる返済方法です。毎回の返済額は、元金部分に残高に対する利息額を上乗せして支払うので、残高が減っていくにしたがって利息額も減っていきます（図4－7）。

最初の返済額が一番多く、徐々に返済額は少なくなっていきます。元利均等返済と比較すると前半の元金部分の減り方は早くなり、**支払総額は元金均等のほうが少なくなります。**

元金均等返済は変動金利の5年ルールと125%ルールがないので注意！

変動金利で借りる場合、金利の上昇リスクに対して5年ルールと125%ルールがあるため支払が固定されるという説明をしました（129ページ参照）。しかし、「元金均等」ではこの5年ルールと125%ルールの適用はありません。**金利が上がるとその月から上がった分だけ返済額が増えます。**そのため、変動金利で借りる場合には元金均等はお勧めしません。

図4-6　毎回の返済額が同じで返済計画が立てやすい「元利均等返済」

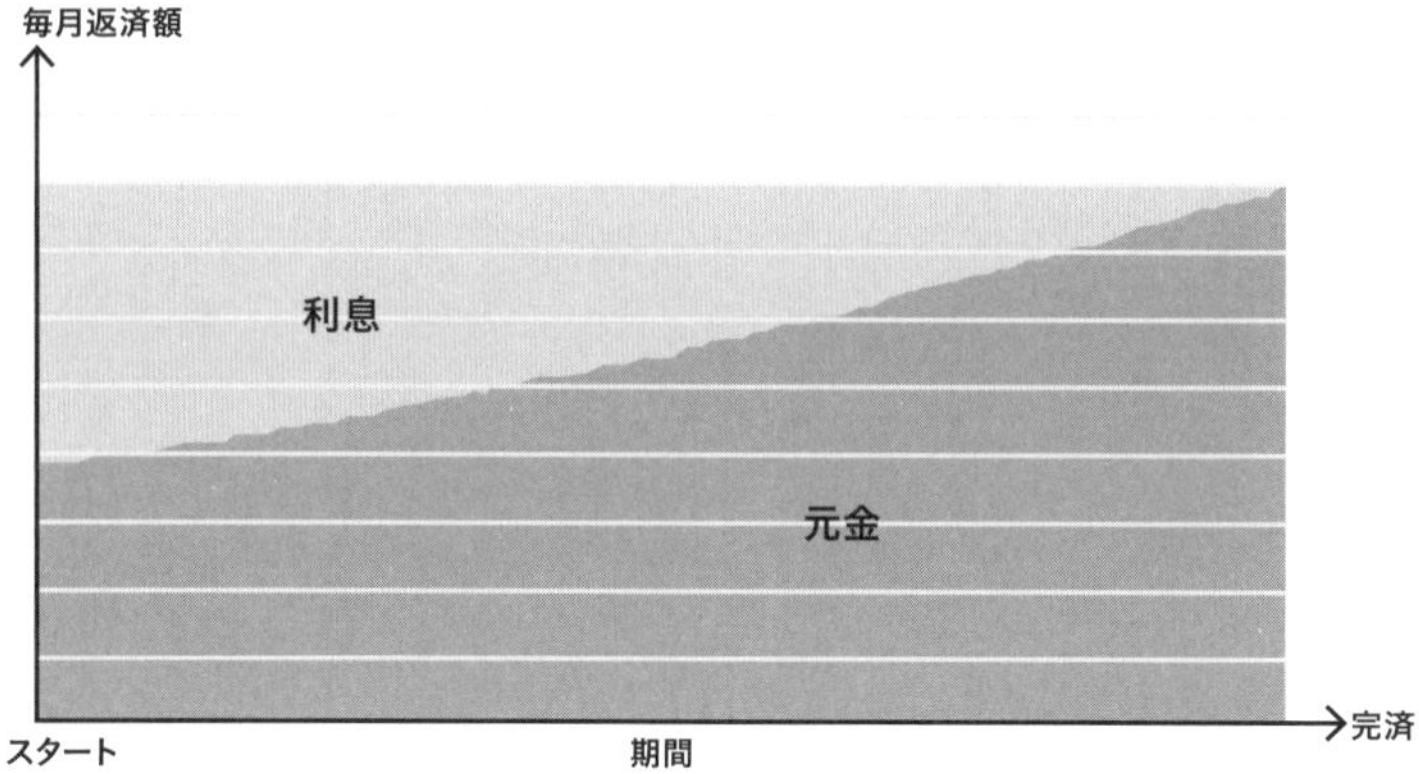

住宅ローン控除によって元利均等も元金均等も大した差はない

住宅ローン控除の面では、住宅ローンの残高が多いほうが得です。元金均等返済と元利均等返済には、次のような違いがあります。

☑元金均等返済と元利均等返済の違い

・元利均等返済……前半の元金の減少が遅いので住宅ローン控除の面では有利。

・元金均等返済……元金の減少が早いので住宅ローン控除の面では不利。

図4-7　残高が減っていくにしたがい利息額も減る「元金均等返済」

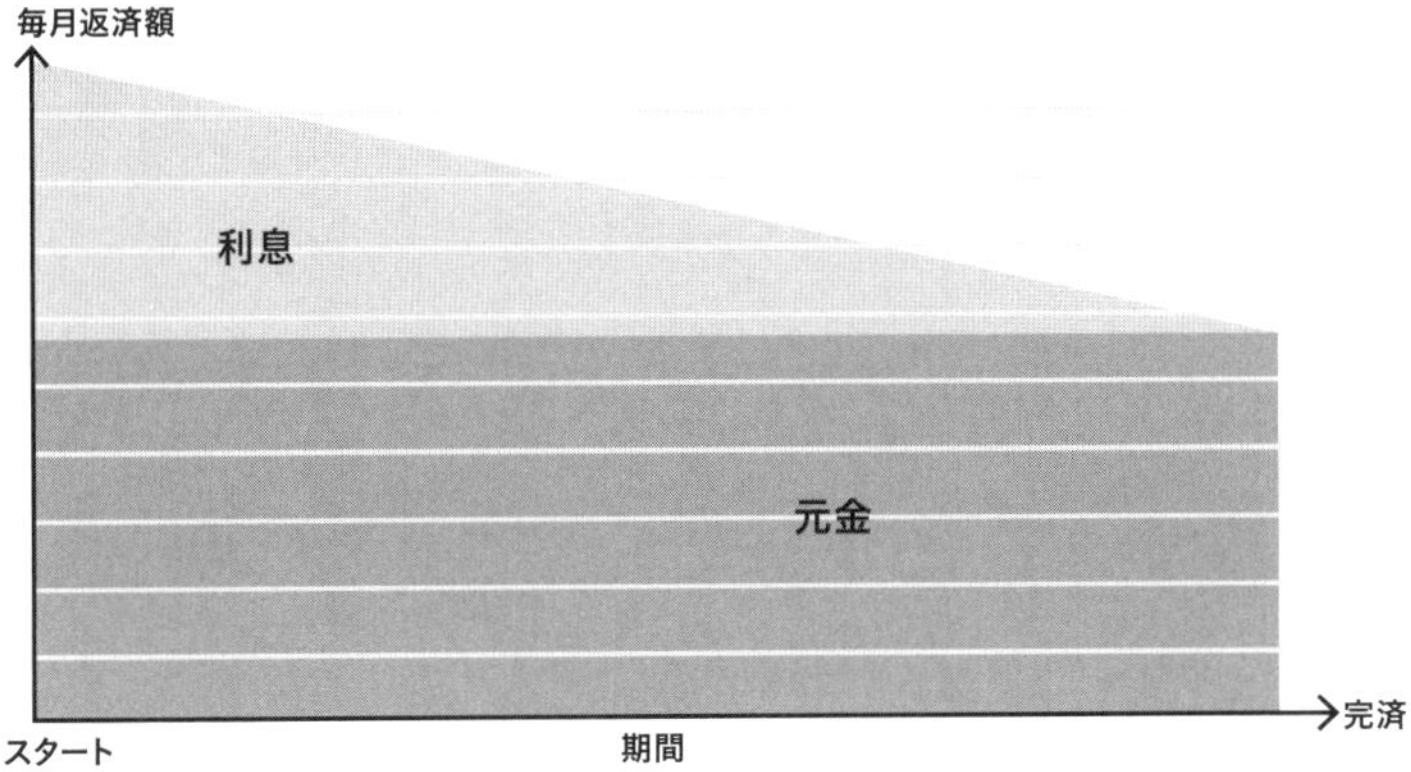

住宅ローン控除が利息と逆方向に作用するので、元利均等と元金均等の返済の差を小さくしています。ですから、常にどんな状況でも元金均等返済のほうの支払いが少なくなるとは限らないのです。住宅ローンの金利と借入期間によっては元利均等返済のほうが安いケースもあります。

資金繰りの面からは、元利均等返済が安全性の高い返済方法です。住宅ローン控除の減税制度があるうちは、元利均等返済がお勧めだといえるでしょう。

7

「ペアローン」と「収入合算」のメリットとデメリット

夫婦それぞれで住宅ローンを借りる「ペアローン」

住宅ローンの返済額をシミュレーションすると、1人で返済するのはきついという結果が出ることがあります。こういうときに銀行から勧められるのが、夫婦でローンを組む「ペアローン」や「収入合算」です。

「ペアローン」とは、夫婦がそれぞれ住宅ローンの申し込みをする方法です。契約する住宅ローンは2本となり、それぞれが相手のローンに対する連帯保証人となります。

ペアローンにすると2人分の融資が受けられます。また「住宅ローン控除」についても、夫婦それぞれの税金から控除が受けられるので、2人分の税金が安くなります。

ただし、夫婦の債務の比率は途中から変更ができません。例えば、妻が出産によって無収入になると、無収入となった期間の妻の控除は、夫のほうには使えません。

図4-8　夫婦それぞれがローンを組む「ペアローン」

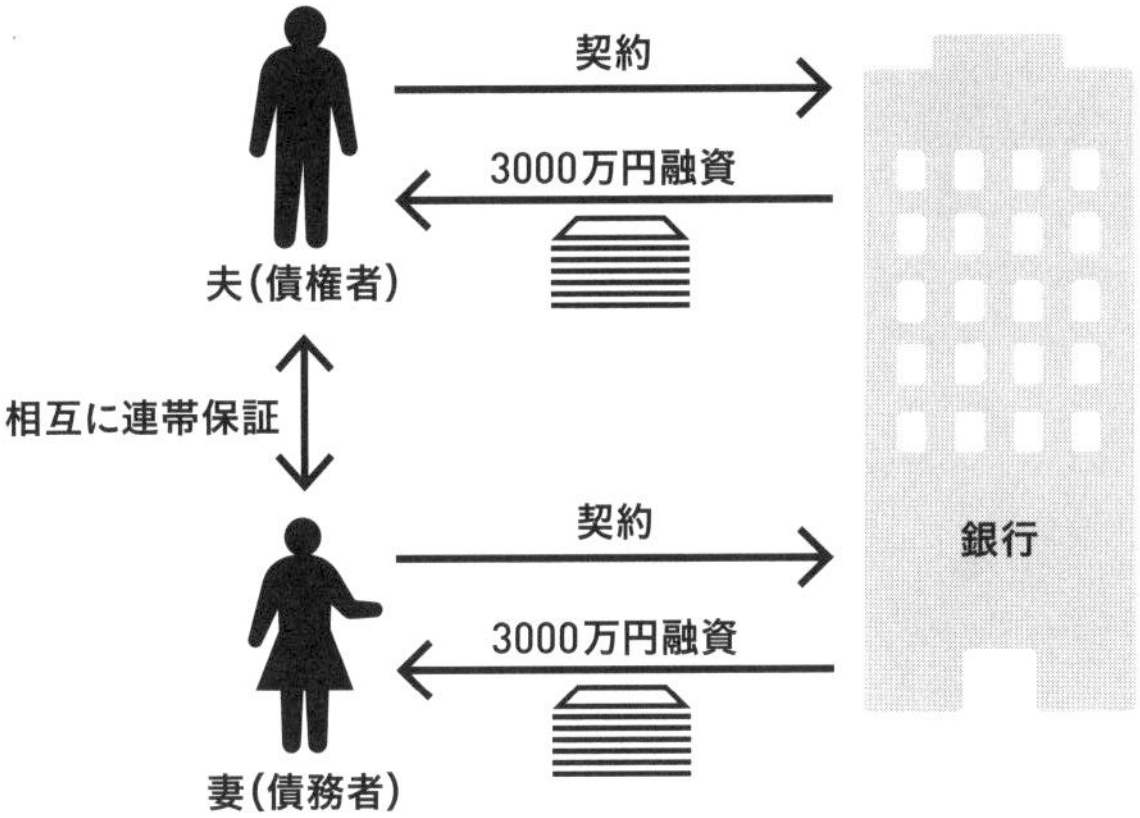

夫婦の住宅ローンを ひとつにまとめる「収入合算」

「収入合算」とは、住宅ローンを申し込むほう（債務者）の収入に、相手（収入合算者）の収入を合算して住宅ローンの申し込みをする方法です。この場合、契約する住宅ローンは1本となり、収入合算者はローンの連帯保証人となります。

　収入合算は夫婦で住宅ローンを返済する場合、ひとつにまとめる方法です。夫婦2人の収入を合算して審査されるので、住宅ローンの契約としてはひとつであっても、ペアローンと同じように2人分の融資を受けられます。

図4-9　夫婦の住宅ローンをひとつにまとめる「収入合算」

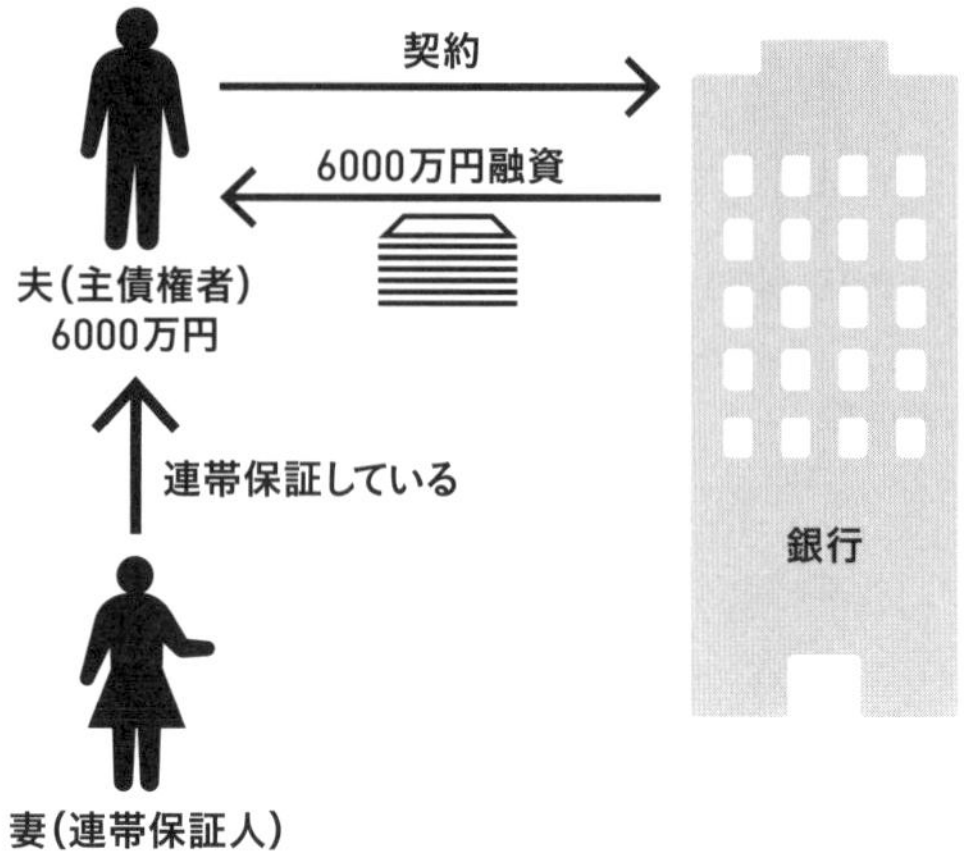

ただし、住宅ローンを組む人（＝主債務者）は1人だけですから、住宅ローン控除の上限はペアローンよりも小さくなります。

なお、収入合算でも、夫婦を連帯債務者とする住宅ローン契約を結ぶ場合があります。この場合は夫婦両方が債務者になるので、夫婦それぞれが住宅ローン控除を受けることができます。

連帯保証人が負う圧倒的なデメリット

保証人と連帯保証人では、主債務者が住宅ローンを返済できなくなった場合に代わりに返済する義務を負うという点では共通しますが、主に次の3点で圧倒的なデメリットがあります。

☑連帯保証人のデメリット

・**催告の抗弁ができない……**債権者がいきなり保証人に対して請求をしてきた場合、保証人であれば「まずは主債務者に請求してよ」と主張することができるが（催告の抗弁）、連帯保証人は有無をいわせず、返済させられる。

・**検索の抗弁ができない……**主債務者が返済できる資力があるにもかかわらず返済を拒否した場合、保証人であれば主債務者に資力があることを理由として「まずは主債務者に請求してよ」と主張することができる（検索の抗弁）。しかし連帯保証人は有無をいわせず、返済させられる。

・**何人いても一人ひとりが債務全額の責任を負う……**保証人が複数いる場合、保証人はその頭数で割った金額のみを返済すればいいのに対して、連帯保証人は一人ひとりが債務全額の返済責任を負う。

所有するのはたった10％の持分であっても、連帯保証人になれば住宅ローン全額の責任を負うのです。

「夫婦でなくなっても」ローンを払う覚悟があるか？

収入合算やペアローンを検討するのは、「夫の収入だけではあと少し足りない……」という場面です。しかし、借りたいのは「あと少し」にもかかわらず、２人分の人生を人質に取られるのが連帯保証（債務）です。そして、**より大きなリスクを負うのは、出産のリスクを負い、産休によってキャリアが中断する可能性の高い、妻のほうです。**

夫婦が互いに協力するのは当然のことですが、仮に離婚して夫婦関係が解消となっても、なくならないのが連帯保証（債務）です。ですから、夫婦でいることを前提として決断するのではなく、**夫婦でなくなったとしても、１人でこの住宅ローン全額を払ってもよいと思えるかどうかで判断すべき**です。

毎年結婚するカップルの３分の１が自分たちの交わした永遠の愛をリセットしています。しかし、リセットしても消えないのが借金であり、連帯保証（債務）です。

しかし、金融機関が住宅ローンに連帯保証（債務）を要求することが、そもそも度を超して債権を保全しようとする態度です。元は他人であり、財産も別々の婚姻制度を無視したものであり、根本的に間違っていると私は思っています。

8
注文住宅を建てるときは「つなぎ融資」か「分割融資」が必要

注文住宅ではほとんどの代金を前払いしなければならない

土地を購入して注文住宅を建てるまでには、工事の着工前から土地を購入しておく必要があります。

家を建築する工務店に対しては、着手金、中間金（1～2回）、完成時に残代金、と建築費用を複数回に分けて前払いしなければなりません。なぜなら、工務店と結ぶ契約は売買契約ではなく請負契約であり、次のような違いがあります。

☑売買契約と請負契約の違い

・売買契約……売主が特定の財産権を買主に引き渡すことを約し、買主は売主に対して代金を支払うことを約する契約。

・請負契約……請負者がある仕事の完成を約し、発注者がその仕事の結果に対して報酬を支払うことを内容とする契約。

売買契約であれば、家を引き渡してもらうまでは代金を払う義務はありません。建売住宅や新築マンションを不動産会社から購入する場合や、中古住宅を前の持ち主から購入する場合などがこれにあたります。

しかし、注文住宅は請負契約です。この場合、工務店は家を建てる仕事をすることが義務なので、家の材料費や下請けに払う必要経費などは注文者が払う必要があるのです。

住宅ローンは家を担保にするので、完成前に借りることはできない

住宅ローンの要件は金融機関によってもさまざまですが、必ず共通して課される条件が次の2つです。

☑住宅ローンの条件

・主に住居として利用する家の購入（建築、修繕）資金であること。
・目的の家（土地と建物）を担保にすること。

土地の代金や着手金、中間金を支払う段階ではまだ担保にする家が存在しないので、原則として住宅ローンを借りることができません。しかしその一方で、残代金を除く大半の代金を家が完成する前に支払わなければならないのです。そのために存在する方法が「つなぎ融資」と「分割融資」です。

「つなぎ融資」は無担保で融資を受ける

つなぎ融資は、建物が完成して住宅ローンの融資実行ができるようになるまでの「つなぎ」として借りるため、基本的には無担保で融資を受けることになります。**金利は住宅ローンよりもはるかに高くなるのが特徴です。**

家が完成したら、つなぎ融資分と残代金の合計で住宅ローンを借りて、つなぎ融資のローン残高を返済します。そこから先は普通の住宅ローンです。

また、つなぎ融資に対応していない金融機関であっても、住宅ローンを借りる方法があります。いったん、どこか別の金融機関やノンバンクで無担保融資を受けて、完成してから借り換えるのです。

「そんなことができるの？」と思うかもしれませんが、できます。ただし、借り換えるとき、その金融機関の借り換えの審査に通らなければなりません。一定のリスクは伴います。

「分割融資」は土地に対して抵当権を設定する

分割融資は建物が完成する前に住宅ローンを申し込み、完成前から分割して融資を受ける方法です。まず、更地の土地に抵当権を設定し、建物が完成してから建物に抵当権を設定するので、税金や手数料が少し余分にかかります。しかし、契約は住宅ローンの一部となるので、**住宅ローンの低金利で融資してもらえます。**

この分割融資も取り扱う民間金融機関は限られています。土地に抵当権を設定するといっても、まだ家が建っていない状態から融資をするのは金融機関の側にリスクがあるからです。

第5章

万が一に備えるための保険に何を求めるか？

1

一家の大黒柱が倒れたら？地震や火事になったら？

それぞれ「誰が」「何に」対してかける保険かを理解しよう

「家を買ったものの、住宅ローンのプレッシャーに押し潰されそうです」という人は少なくありません。**金額でも期間でも、今まで生きてきた物差しをはるかに超えるリスクを負うのが住宅ローンの不安の正体です。**

この不安は、お金を貸すプロである銀行（債権者）の側にもあります。「この人がちゃんと住宅ローンを完済できるのか？」というものです。銀行にとって一人ひとりの住宅ローンの金額は大きなものではありませんが、むやみに貸しまくって貸し倒れたら経営が傾きかねません。多くの人が住宅ローンを返済する、35年という期間は銀行にとっても予測不可能な未知の単位です。

これら予測不可能なリスクに備えるために、「保険」が存在します。

保険には、住宅ローンの利用者が自ら保険料を払うものもあれば、お金を貸す銀行側が保険料を払うものもあります。この保険によってお互いが助かるのは、例えばこんなケースです。

「一家の大黒柱を失ったが、保険会社から保険金が支払われて、その保険金で住宅ローンを完済することができた」

私たち利用者の立場としては、保険に入っていたことで、仮に一家の大黒柱を失っても、保険金で住宅ローンを完済できるため家を失わずにすみます。

お金を貸す銀行の立場では、遺された家族を立ち退かせてから、その家を売却するという、気の進まないかつ面倒な裁判の手続きを行うことなく、保険金から住宅ローンを全額回収することができます。つまり、**保険という面では、私たち利用者と銀行で利害が一致していることもあるのです**。

住宅ローンを組むときに加入する保険には、人にかける保険と家にかける保険、加入が強制の保険と任意の保険にそれぞれ分けられ、図5－1のように整理できます。

図5-1　住宅ローンを組むときに加入する保険の種類

	人にかける保険	家にかける保険
加入は強制	団体信用生命保険 （ただしフラット35では任意）	火災保険
加入は任意	団体信用生命保険の 疾病保障特約や 一般の生命保険	地震保険

加入が強制となる「団体信用生命保険」

団体信用生命保険（以下「団信」）は、住宅ローンの契約時に加入が強制される、必須の保険です（フラット35の場合は任意加入）。これは銀行と利害が一致します。

団信とは、住宅ローンの返済中に主債務者が死亡、または高度障害になった場合、保険会社が代わって住宅ローンの残金を払ってくれる保険です。つまり、人にかける保険です。保険料は住宅ローンを貸す金融機関（債権者）が支払います。

すでに生命保険に加入しているのなら、保険を見直して重複する特約を外しましょう。死亡と高度障害になった場合の、その後の住居費は生命保険でカバーしなくていいということです。保険料が安くなった分、貯蓄や家計にまわすことができます。

フラット35の団信は任意加入ですが、死亡、または身体障害等級1級・2級になった場合に保険金が支払われて、ローンがゼロ円となる保険です。高度障害よりも広く、身体障害を保障するのは国内団信初の取り組みとなっています（図5－2）。

最近は、死亡や高度障害に加えて、所定の病気になって一定期間働けなくなった場合や、ガンと診断された場合などにも保険金が支払われる（実質的には返済が免除される）オプションがついたタイプの団信が増えています。原則として利用者側の追加の保険料負担が必要ですが、**ネット銀行を中心に利用者の追加負担なしで付帯する団信も増えてきています。**

健康上の理由から団信に加入できない場合は？

健康上の理由から団信に加入できない場合、民間金融機関の住宅ローンを借りることができません。これに対して、フラット35は団信加入が任意なので、団信に加入せず融資を受けられ、**団信込みの金利から0・2％引き下げとなります**（買取型）。

また、一部の民間金融機関では「ワイド団信（引受条件緩和型団体信用生命保険）」という、加入時の健康状態の条件を緩和した団信に加入することで、住宅ローンを借

図5-2　フラット35の「身体障害保障」と 一般の団信の「高度障害保障」の範囲と支払い条件の比較

	フラット35団信の身体障害保障	一般の団信の高度障害保障
障害の範囲	視覚障害	両眼の視力をまったく永久に失ったもの
	聴覚または平衡機能の障害	なし
	音声機能、言語機能またはそしゃく機能の障害	言語またはそしゃくの機能をまったく永久に失ったもの
	心臓、じん臓または呼吸器の機能の障害、ぼうこうまたは直腸の機能の障害、小腸の機能の障害、ヒト免疫不全ウイルスによる免疫の機能の障害、肝臓の機能の障害	中枢神経系・精神または胸腹部臓器に著しい障害を残し、終身常に介護を要するもの
	肢体不自由	1. 両上肢とも手関節以上で失ったか、またはその用をまったく永久に失ったもの 2. 両下肢とも足関節以上で失ったか、またはその用をまったく永久に失ったもの 3. 上肢を手関節以上で失い、かつ1下肢を足関節以上で失ったか、またはその用をまったく永久に失ったもの 4. 上肢の用をまったく永久に失い、かつ1下肢を足関節以上で失ったもの
支払い条件	1. 身体障害者手帳1級・2級の交付	1. 高度障害の原因が、責任開始日以後に発生した約款所定の不慮の事故が原因の障害または発病した病気であること
	2. 累積で1級・2級の身体障害となった場合は保障開始後に負った障害で1・2級の障害に該当すること	2. 約款に定める高度障害以上に該当すること
	――――	3. 症状の回復が見込めないこと

りることができるようにしています。ただし、このワイド団信は住宅ローンの金利に0・2～0・3％の上乗せとなります。

つまり、**団信に入るために保険料率を上乗せした利息を払うか、フラット35を利用することで団信に加入せずに住宅ローンを借りて金利を引き下げてもらうか、という2つの選択肢から決断することになります。**

家にかける保険＝火災保険

火災保険は、建物や家財を対象に、火災・落雷・爆発・台風などの災害による損害を補償する保険です。つまり、家にかける保険です。保険料は住宅ローンを借りる利用者（債務者）が支払います。民間金融機関の住宅ローンでもフラット35でも強制加入となっています。住宅ローンは、家を担保にしてお金を貸すので、家の万が一のリスクに対して保険をかけているわけです。

加入が任意の保険とは？

強制の保険に加えて、さらに安心できる幅を広げるための保険商品が用意されています。これは私たち住宅ローン利用者が、**自分の意思で加入するか加入しないかを決めるので、保険料は原則として利用者の負担となります。**次の2つがあります。

①団信の「疾病保障特約」

死亡や高度障害への備えに加えて、所定の病気になって一定期間働けなくなった場合や、ガンと診断された場合などにも保険金が支払われる（実質的には返済が免除される）タイプの団信で、通常は追加の保険料が必要です（ネット銀行では無料で付帯するケースもある）。

疾病保障特約付きの団信には、図5－3のような種類があります。金融機関によって取り扱うタイプが異なるので、付加できる保障範囲が異なり、その費用も異なります。

②地震保険（戦争による被害は対象外）

図5-3　代表的な疾病保障特約の保障範囲と支払い条件

タイプ	疾病保障の範囲	支払い条件
ガン団信	がん	医師による確定診断
3大疾病保障特約	がん、脳卒中、急性心筋梗塞	
7大疾病保障特約	がん、脳卒中、急性心筋梗塞、高血圧症、糖尿病、慢性腎不全、肝硬変	所定の就業不能状態が一定期間続いた時点
8大疾病保障特約	がん、脳卒中、急性心筋梗塞、高血圧症、糖尿病、慢性腎不全、肝硬変、慢性膵炎	
全疾病保障特約	精神障害を除くすべての病気、けが	

火災保険は原則として強制加入ですが、地震保険は任意加入です。火災保険では地震、噴火、津波による被害は保障されません。

ちなみに、戦争による被害は火災保険、地震保険の対象外です。免責条項（保険金支払いの責任を負わない条件）には必ず「戦争、外国の武力行使、革命、政権奪取、内乱、武装反乱、その他これらに類似の事変または暴動」が規定されています。その被害が測定不能なほど大規模かつ広範囲におよび、それをカバーする保険は商品として成り立たないからです。

つまり、もし北朝鮮からのミサイル攻撃で被害を被っても、外国の武力行使にあたるので、保険ではカバーされません。戦争被害をカバーする保険商品は今のところありません（おそらく今後もないでしょう）。

リスクは不安を感じる前からすでにある

ここまでがごく普通の保険の説明です。例えば、団信については「最悪でも（住宅ローンを返済する）私が死ねば家が残るから大丈夫」というようなことを冗談めかしていう人もいますが、背景には**この保険の説明の仕方**があります。

たしかに最悪の状況に陥ることは回避できるかもしれませんが、それによっていいことは1ミリもありません。まるで、**少し得をするかのような表現方法で説明をされるため、本当に得をするかのような錯覚を起こさせます**。これが保険の売り手が仕掛けるバイアスです。もし、ちょっとでも得をするような感覚になっていたのであれば、この刷り込みはかなり厄介です。

もし、家族が大黒柱を失うと、とてつもなく大きな損失と精神的なダメージを伴います。今、住宅ローンを負うことを前にして、自分の物差しのレンジを超えたリスクを前に不安を感じているでしょうが、**住宅ローンに匹敵するリスクはすでに前からあったのです**。ただ「考えないようにしていただけ」ではないでしょうか。住宅ローンを負うことで、そのリスクの一部がローンの金額と返済期間という数値に換算され、目に見えやすくなったのです。リスクが目に見えるようになると、人はそれに対してストレスを感じます。それが保険を販売する側にとってのビジネスチャンスです。

自分のリスク、家族のリスクの大きさは、家を買う前も家を買ったあとも変わりません。変わるのは、そのリスクの一部、住宅ローンの元本について、ローンの期間だけ銀行も利害が一致するようになるということです。

一家の大黒柱が負うべき責任は人生の続く限り続きます。これに対して、銀行と利害が一致するのは住宅ローンの元本の返済義務に限定されます。それも住宅ローンを完済すれば終了です。

私が銀行に住宅ローンが返せなくなったとして、死ぬでしょうか？　たぶん死にません。ぎりぎりまでがんばって、それでもどうしようもなくなったら家を売り、それでも返済できない場合はしかるべき法的手段を取り、自己破産します。これは、安易に自己破産すればいいという意味ではありません。借金に関しては、それを視野に入れられるメンタルを持つということです。そして絶対に、家族だけは守るのです。

家を買うにあたって保険を検討する際は、自分が負っているリスクと、それに対してかけられる保険について、売り手のバイアスのかかっていない「本質」を理解しておく必要があります。

2 団信は「債権者が債務者の生命にかける生命保険」

団信は利用者をふるいにかける特殊な商慣行

団信によって遺族がローン返済に苦しまず、家も失わずにすみます。これが表面的な団信についての考え方、いわば「A面」ですが、同時に裏の「B面」があります。それは、「債権者が債務者の生命にかける生命保険」という面です。団信の保険料は金融機関が負担しますが、こんな表現になっていると思います。

> **団体信用生命保険料はゼロ円です！**
>
> 住宅ローンお借入の際には、団体信用生命保険へのご加入が必要となります。
>
> 死亡時や高度障害状態になられたとき、生命保険会社から保険金が支払われ、住宅ローンの全額返済が行われます。

図5-4　金貸しに生命保険をかけられて利息から保険料を取られている

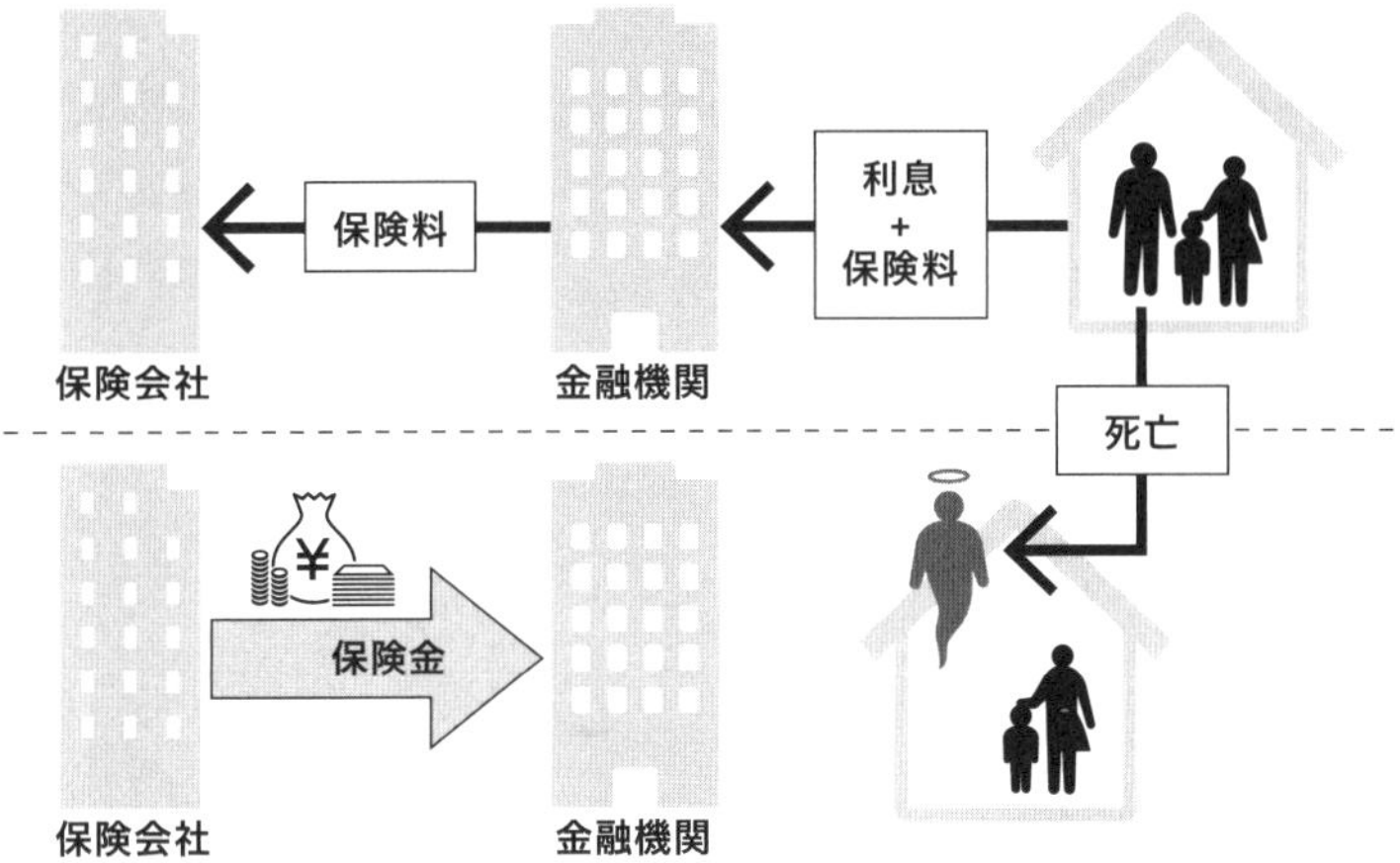

しかし、本当はゼロ円ではありません。この世にタダのものなんてないのです。保険料は金融機関が払っていますが、それを払ったうえで利益の出るような金利に設定しています。仮に保険料がすこぶる上がって金融機関が赤字になりそうになったら、全体的に貸し出し金利を上げて調整します。保険料を利用者が平均的に負担しているのが実態です。

団信の費用は、本質的には利用者が負担しています。しかし、団信の保険金の受取人は金融機関です。経済的な負担と契約関係にねじれがあるのです。

いわば、**団信は金融機関が保険金を受**

け取れるようにするために、住宅ローン利用者が費用負担して入る保険なのです。

要するに、「金貸しに生命保険をかけられて保険料も払わされている」というのが団信の「B面」です。利用者側にも住宅ローンの残高がゼロになるというメリットがあるので、あくまで商慣行として定着しているだけなのです。

なぜ、民間住宅ローンでは団信加入が必須条件なのか？

団信に加入するには、利用者が保険会社に対して健康状態を告知する義務があり、健康上の問題があると団信に加入できない＝住宅ローンを借りられないということになります。でも、私からすれば、次の点で本当はおかしなことだと思います。

☑団信抜きで住宅ローンを貸さない銀行のホンネ

・銀行は住宅に対して第一順位の抵当権の設定を受けたうえで、その不動産価値で回収できる分しか融資しない。

・住宅は債務者にとって生活と人生の基盤なので、経済的に困窮しても最後までローンを払い切ろうと強くコミットする。

このように、住宅ローンは債務者に生命保険をかけなくても、十分に回収の可能性が高い優良債権です。ですから、住宅金融支援機構が債権者となるフラット35は、団信への加入は任意です。本当に団信なしで住宅ローンが貸せないのであれば、フラット35でも団信が強制となるはずです。

では、なぜ日本の民間金融機関が取り扱う住宅ローンでは団信が強制なのでしょうか？　**保険料を払っても、健康状態の良好な債務者にそろえておくほうが銀行にとって得だと判断しているからです。**まとめると、次のようになります。

☑銀行にとっては団信を必須にするほうが得

・保険料を払う必要がある ⇕ ただし利息から回収する。
・団信に加入できない人には貸せない分、利息収入は減る ⇕ ただし貸し倒れるリスクも減る。

そして、お金を貸すまでは貸すほうの立場が強いのです。「イヤならよそへ行ってくれ」といわれるだけです。

3 団信に「疾病保障特約」をつけたほうがいいのか？

家を買ったら病気のリスクが上がるのか？

住宅ローンの相談の中でよくあるのが、「疾病保障をつけたほうがいいですか？」というものです。「病気になってもお金で安心が買えるなら買っておこうかしら……」という心理状態だと思いますが、私はあえてそこに疑問を呈します。

普通に考えて、家を買ったら病気にかかる可能性が上がるでしょうか？　病気にかかる可能性と、家の購入との因果関係は今のところ証明されていません。病気のリスクに持家も賃貸もないのです。

すでに私たちは健康保険に加入しています。日本の医療保険制度は先進国の中でもダントツの保障の厚さです。**病気になったら、まず国の社会保障制度、次に会社の福利厚生、最後に民間医療保険と貯蓄です。貯蓄だって立派な保険です。**

図5-5　病気に対する保障は下から上へ考える

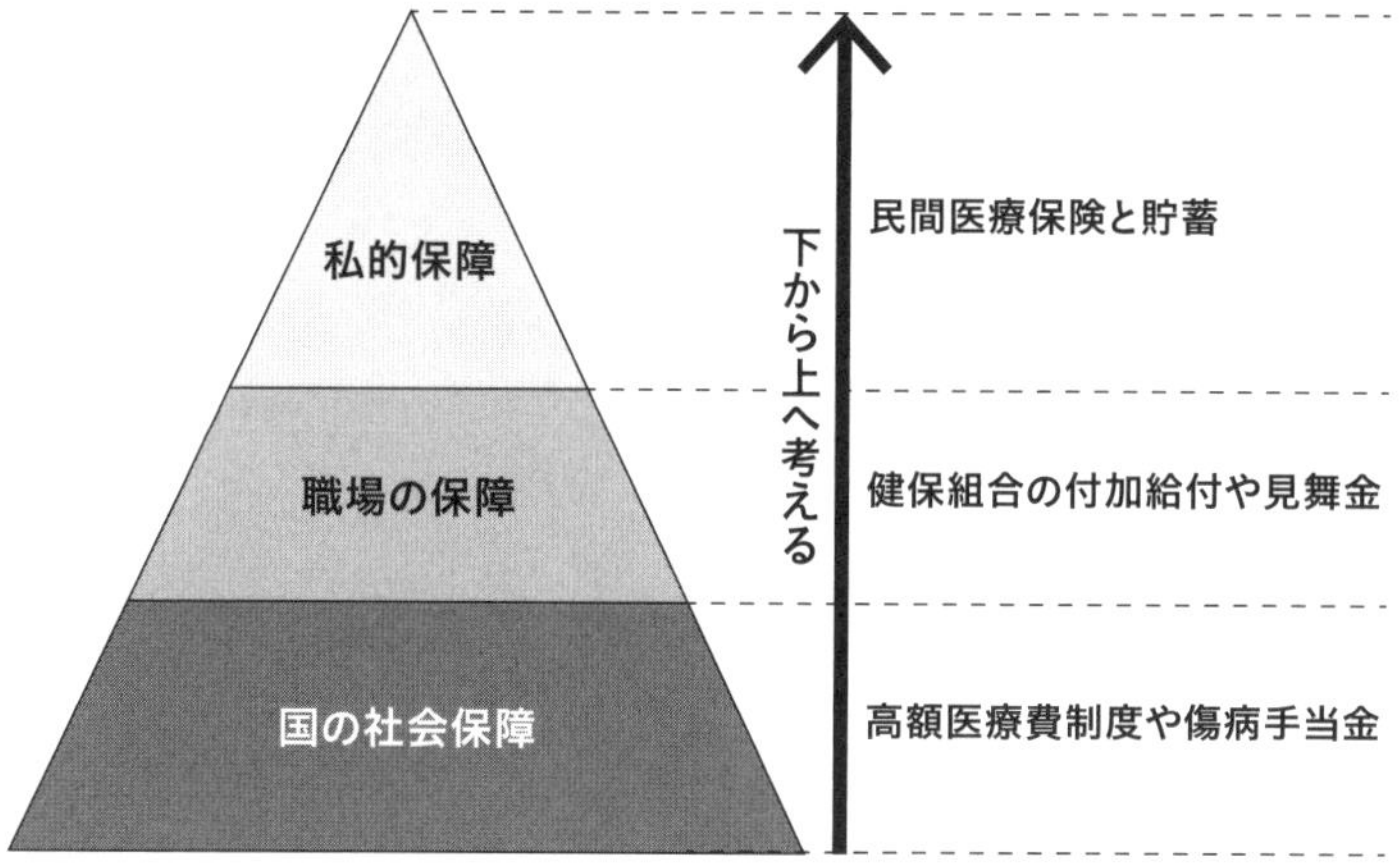

疾病保障特約を考える前に知っておきたい国の社会保障制度

健康保険もタダではありません。国民の義務として、サラリーマンなら給料から毎月天引きされることで保険料を払っています（給与明細を見たらけっこうな金額が引かれていますよ）。義務を果たしているのですから、その権利として受け取れる給付の内容はしっかり把握しておきましょう。次の2つが重要です。

①高額医療費制度

大病を患い、病院に払う医療費がい

くらになろうが、負担の上限が月に数万円程度になっていて、上限を超えた部分は返金してもらえます（高額医療費制度）。しかも、あらかじめ窓口で手続きをしておけば、最初から月の上限額を超えた医療費は払わなくてもいいという仕組み（限度額適用認定証）もあるのです。

月の限度額は年齢（70歳未満かどうか）と年収（標準報酬月額）によって違ってきます。図5－6で簡単に計算できます。

たとえば、70歳未満で標準報酬月額26万円以下（年収の目安370万円以下）なら5万7600円が限度額です。**月の医療費が何百万円だろうが、この制度で払い戻しを申請すれば、翌月には5万7600円を超えた部分のお金が返ってきます。**さらに「限度額適用認定証」を利用すると、はじめから窓口の支払いが5万7600円ですむということです。

② 傷病手当金

さらに、退院するまでの生活費をカバーしてくれる「傷病手当金」という制度があります。これは、被保険者が病気やケガのために会社を休んで、十分な給料が受けら

図5-6　70歳未満の場合の自己負担限度額の計算表

所得区分	自己負担限度額
① 区分ア （標準報酬月額83万円以上の方）	252,600円＋（総医療費－842,000円）×1%
② 区分イ （標準報酬月額53万円～ 79万円の方）	167,400円＋（総医療費－558,000円）×1%
③ 区分ウ （標準報酬月額28万円～ 50万円の方）	80,100円＋（総医療費－267,000円）×1%
④ 区分エ （標準報酬月額26万円以下の方）	57,600円
⑤ 区分オ（低所得者） （被保険者が市区町村民税の非課税者など）	35,400円

れない場合に支給されるものです。傷病手当金が支給される期間は、支給開始から最長1年6か月です。つまり、会社から支払われる給料がゼロになってから起算して、1年6か月までは標準報酬月額の3分の2が支給されます。

最近の医療は発達していて、1年を超えて入院するようなことはほとんどありません。今、住宅ローンを払っている人の年齢はというと、ほとんどが65歳未満でしょう。その65歳未満で1年超入院している人は、入院患者全体の8・4％です。ここから未成年で発症する割合が高く、入院期間が長い傾向にある精神疾患による入院を除くと3・1％です（「患者調査」・2014年・厚生労働省）。

つまり、**病気やケガで入院した人のうち96・9％以上の人（死亡した人も退院に含んでしまいますが）が退院して働けるまでの生活費は、その人の収入の**

額に応じて国が払ってくれているのです。

団信の疾病保障特約を考えるなら、まずこのベースを知ったうえで、さらに上乗せの「安心」が必要かを考えるべきなのです。

会社員、公務員なら福利厚生の中身を知らないと損！

高額医療費制度や傷病手当金は国の法律で定められている制度なので、すべての人が受けられる給付です。さらに、福利厚生が充実している会社員や公務員には、さらに上乗せの給付＝付加給付というものがあります。次の2つをチェックしておきましょう。

①　医療費の自己負担額が上限2万円という場合もある

例えば、高額医療費制度では低所得者でも月に3万5400円が負担の上限ですが、大企業の健保組合や公務員の共済組合などでは、「1か月の自己負担額が2万円を超えると、超えた部分は全額払い戻し」としているところもあります。

②　差額ベッド代や見舞金、職員互助会

「差額ベッド代がかかった場合の追加負担金」や「入院見舞金」がある組合もあり、加えて職員互助会でさらにもう一段上乗せ給付をする、見舞金が支払われる場合もあります。健保組合と互助会の合わせ技でさらに自己負担額が減り、数千円ですんでしまう場合だってあるのです。知らずに重複した民間生命保険に加入して、保険料を払っていないでしょうか？　この機会に見直してみることをお勧めします。

オールマイティな保険である貯蓄と天秤にかけて考える

多くの人が図5－5のピラミッドのベースの部分（国の社会保障と職場の福利厚生）を十分に把握せずに、団信の疾病保障を検討しています。それに、人生には健康リスク以外にもたくさんリスクはあり、次のようなことが想定されます。

☑人生につきまとうリスク（健康面以外）

・必ずしも恵まれた職場で定年まで勤めあげることができない。
・アクシデントに巻き込まれて損害賠償責任を追及される。
・老齢年金の支給開始は後ろ倒しになり支給額も減っていく。

これらにすべて対応できる保険は「貯蓄」です。**貯蓄は自分が貯めた金額までが上限ですが、オールマイティな保険であることを忘れないでください。**

「疾病保障特約付き団信」の本質を理解しよう

「疾病保障特約付き団信」は保険会社の販売する商品であって、住宅ローンとは分けて考えるべきです。この本質を理解するための2つのポイントを紹介します。

① 保険料の負担が一律で損をするのは若い人、得をするのは年配者

生命保険は若いときに加入したら保険料は安いのですが、年を取ってから入ると高くなります。一方、疾病保障特約付き団信の場合は一律同率です。団信は若い人には割高で、年配者には割安なのです。

② ローン残高が減ると保険料が減るが保険金も減る

ローン残高に一定率が上乗せになる疾病保障特約は、ローン残高が多い前半は保険

料が高く、保障額も大きくなります。ローン残高が少ない後半は保険料が安く、代わりに保障額も小さくなります。つまり、次のようなケースがあり得るのです。

「子どもが成長し、教育費がかさむときに病気に倒れた。そのときには住宅ローン残高はわずか100万円になっていたので、疾病保障特約でわずかな住宅ローンの債務がなくなっただけだった……」

はじめのうちは住宅ローンの残高は何千万もあるので保障が手厚い印象がありますが、住宅ローンは長年の返済によって減少していく一方、病気にかかるリスクが高くなるのは、人生の後半です。

住宅ローンを選ぶときの基準はあくまで毎月の返済額に無理がないか、老後資金を残せるかということが第一です。 ですから、生命保険とはいったん切り離して考えるべきなのです。疾病保障特約をつけるかどうかは、大前提となる国の社会保障制度をしっかり把握し、今の自分の年齢と貯蓄を両方見ながら判断すべきです。

4 社会インフラのセーフティーネット「地震保険」は必ず入るべき！

火災保険と地震保険の違い

地震・噴火、またはこれらによる津波を原因とする火災・損壊・埋没・流失する損害は、火災保険ではカバーされませんが、地震保険に加入することでカバーされます。

しかし、地震保険は任意となっていて、火災保険に付加する形です。また保険金が火災保険の半分以下に設定されていて上限も低く、保険金が満額出ても住宅を再建築することはできません。

「だったら地震保険に入るより、オールマイティな保険である貯蓄のほうがいい」などという人もいます。しかし、**地震保険は住宅をキャッシュで買うような特殊な人を除いて絶対に必要です。**

図5-7　火災保険と地震保険の比較

	火災保険	地震保険
補償される損害	火災・落雷・爆発・台風などの災害による損害。	地震、噴火またはこれらによる津波による損害。
保険の対象	居住の用に供する建物および家財。	
保険金額	建物（家財）の評価額。	火災保険金額の30～50％の範囲で建物は5000万円、家財は1000万円が限度。
ポイント	比較的可能性が高く、建物を再建築できる保険金が支払われる。	比較的可能性は低く、建物を再建築できる保険金は支払われない。

地震保険は保険商品ではなく社会インフラ

多くの人が地震保険を「保険商品」のように考えています。しかしそれは誤解です。地震保険はそもそも商品としては成り立たない保険なのです。震災と火災では被害のスケールに大きな違いがあります。

☑震災と火災の被害の違い

・震災……天変地異であり、エリア災害、被害の範囲はどこまでも広範囲になる。

・火災……人災であり個別災害、延焼があったとしても範囲は限られる。

例えば、東日本大震災で支払われた地震保険の保険金は東北、関東、北信越などで75万件以上、1兆2000億円を超える金額となりました。大規模な地震が発生した場合に支払う保険金を、民間の保険会社は支払うことができません。

ですから、保険会社が売る火災保険の保険約款では通常、地震・噴火・津波によって生じた火災による損害を免責事由としています。そうしておかないと、保険商品として成立しないのです。つまり、**地震保険は損害保険会社が営利のために販売する保険商品ではなく、国のセーフティーネット＝社会インフラなのです。**

被災者の生活再建の助けになるセーフティーネット

マンションに住んでいる人で、地震保険についてこう考えている人がいます。

「戸建てならば保険金に加えて貯蓄を足せば、家を再建することができるかもしれない。でもマンションの場合、管理組合で建て替えの意思決定をする。どうせ、意見はまとまらないから結局再建できない。地震保険に入っても意味がない」

しかし、建物の再建よりも重大な問題があります。それは、家が壊れても住宅ローンは減らないという、ごくあたり前の厳しい現実です。もはや住めない家の住宅ローンを払い切らなければならないのです。壊れた家の代わりに住む賃貸物件にも家賃が必要なので、発生する住居費は二重になります。払えなければ自己破産、被災者にとっ

図5-8　地震保険の基準料率

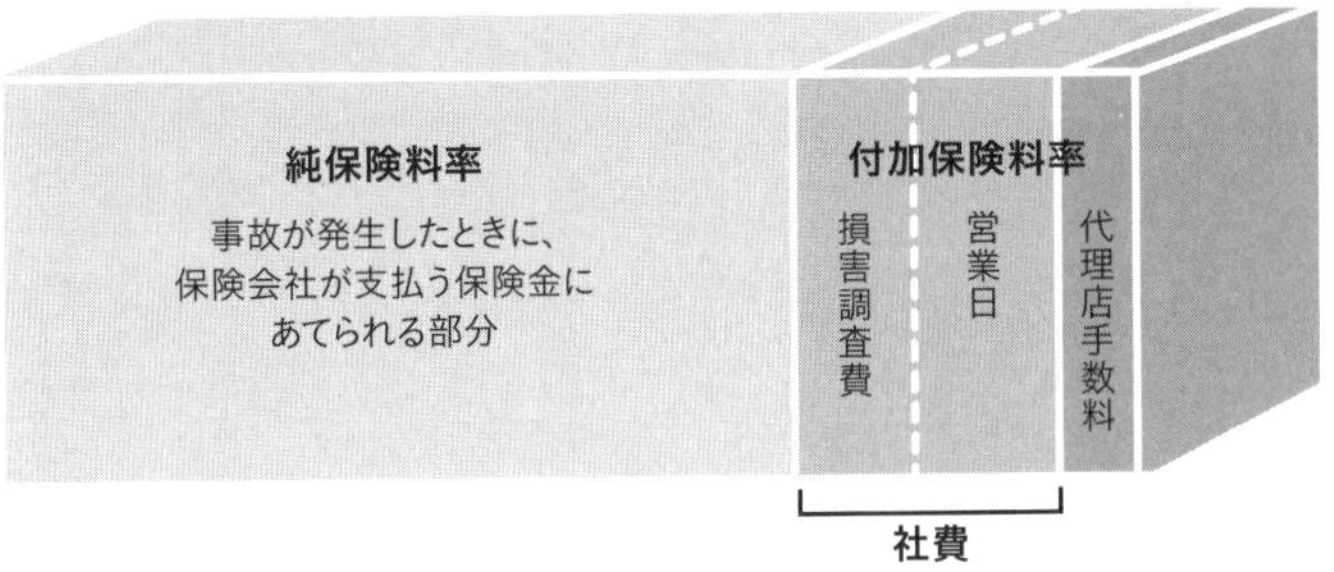

てダブルパンチになるのです。

そんな局面で私的整理や自己破産にならないためにも、地震保険は生活を再建させる助けになります。

地震保険より安い保険はない！

地震保険料の保険料は、損害保険料率算出機構が算出した基準料率によって決まります。基準料率は保険金の支払にあてられる「純保険料率」と、事業経費にあてられる「付加保険料率」で成り立っています。そして、「付加保険料率」は契約の事務処理や損害の調査などにてあてられる「社費」と、契約の募集を行う代理店に支払う「代理店手数料」に分けられます。

つまり、この保険料には保険会社の儲けが含まれていないのです。**利用者から見ると、地震保険以上に安い保険料はない**ことを意味します。そもそもが、社会保障として政府が行う地震保険の事務の代行をしているという位置づけだからです。

大事なことなので繰り返します。地震保険よりも安い保険はありません。単純な損得勘定で考えても、こういう商品は全力で「買い」です。

自然災害からの再起をサポートする「自然災害債務整理ガイドライン」

地震保険に加えて被災者の再起をサポートする、「自然災害による被災者の債務整理に関するガイドライン」を紹介します。

このガイドラインは、自然災害の影響を受けたことによって住宅ローンなどの債務を弁済できなくなり、自己破産するしかない状態になった個人が、破産手続などによらずに、ローンの免除や減額を銀行に申し出て債務整理を行う際の準則として取りまとめられたものです。これによって得られるメリットが3つあります。

☑「自然災害による被災者の債務整理に関するガイドライン」のメリット

①手続き支援を無料で受けられる
②財産の一部を手許に残せる
③個人信用情報として登録されない

それぞれのメリットについて説明していきます。

①手続き支援を無料で受けられる

債務整理は法律上の手続きです。陳述書など法律上の書類作成が必要ですが、弁護士などの「登録支援専門家」による手続き支援を無料で受けられます。

②財産の一部を手許に残せる

生活必需品や現預金（上限あり）などの自由財産に加えて、被災者生活再建支援金、災害弔慰金・災害障害見舞金については基本的に手許に残すことが可能です。

③個人信用情報として登録されない

このガイドラインで債務整理した場合は個人信用情報（俗にいうブラックリスト）

に記録されないので、新たな借入に影響しません。その後、生活を再建したときにカードを作れますし、住宅ローンだって組めるのです。

制度の対象となる自然災害は2015年9月2日以降に災害救助法の適用を受けた自然災害なので、地震のみならず、大雨や台風による洪水や山崩れも対象となります。まだ認知されていないこともあり利用状況は低調ですが、地震大国日本で家を購入する人はぜひ知っておくべきガイドラインです。

第6章

知っていると500万円得する「節税」と「補助金」

1

「住宅ローン控除」は利息を国が肩代わりしてくれるお得な制度

減税や補助金は、黙っていたらもらえない

家を購入するというのは、おそらくほとんどの人にとっては、個人として最も大きなお金を動かすことであり、国の税収の増加にもつながります。そのため、国は家を購入しやすくするために減税制度や補助金制度でその後押しをしています。

マイホームを買うことで出ていくお金のことばかりでなく、こうした減税制度や補助金制度を知り、最大限に利用することで、最大500万円くらいのプラス・マイナスの差が出てきます。そして、この減税や補助金に関して共通していえるのは、**黙っていても勝手にもらえることはない**ということです。

この章では、減税制度と補助金制度を最大限に利用する方法だけでなく、受けられる条件のポイントについても網羅していきます。「受けられると思っていたのに、受

けられなかった」などということになったら、それも悲劇です。

毎年住宅ローンの残高の１％の税金が返ってくる「住宅ローン控除」10年と13年の違いとは？

「住宅ローン控除」は、住宅ローンの利息を国が肩代わりしてくれる減税制度です。12月末時点の住宅ローン残高の１％を上限として10年間、所得税等から還付されます。そして、２０１９年10月の消費増税に伴い、住宅ローン控除を受けられる期間が3年延長されるケースがあり、11〜13年目については次のいずれか少ない額が限度額となります。

①12月末の住宅ローン残高×１％

②（住宅取得等対価の額－消費税額）×2％÷3

☑13年の住宅ローン控除となる条件

①建物代金に10％の消費税が課税される「特別特定取得」であり、かつ②２０２０年

12月31日までに「居住の用に供する」こと。

☑10年の住宅ローン控除となる条件

①「特別特定取得」でない、または②2021年1月1日以降に「居住の用に供する」こと。

「特別特定取得」とは、建物代金に10％の消費税が課税されている住宅の取得のことをいいます。

土地はもともと非課税なので、消費増税の影響はありません。消費税がかかるのは建物代金なのです。注文住宅を建てる場合の建築費用も同じく消費税がかかります。このように、建物代金や建築費用に対して10％の消費税が課税される場合には「特別特定取得」となり、住宅ローン控除が13年となるのです。

では、「2019年10月以降に買うマイホームで消費税がかからない場合があるのか？」というと、一般的には中古住宅が該当します。わたしたちが読まなくなった本をブックオフに売る場合や、着なくなった服をフリーマーケットで売る場合には消費税をとられませんが、それと同じことです。

ただし、中古住宅ならすべて消費税が非課税とも限らないので注意が必要です。不動産会社が所有し、商品として販売する中古住宅については、建物部分に消費税が課税されるのです。

そのため、「中古住宅だから住宅ローン控除は10年だ」と決めつけてしまうと損をします。**所有者が不動産会社などの課税業者なのか、それとも個人なのか**をよく確認しておきましょう。

2020年12月31日までに住民票を移していないと10年になってしまう！

住宅ローン控除は「居住」がスタートであり「取得」ではないので、注意が必要です。例えば、家を建てるための土地を住宅ローンで購入しても、家が未完成で住んでいなければ住宅ローン控除を受けることができません。いつから住み始めたかを証明する書類は住民票です。

住宅ローン控除の期間を13年にするには、2020年12月31日までに住民票を移さなくてはなりません。住民票以外で証明することも不可能ではないのですが、税務署に相談して、さまざまな書類を提出する必要が出てきます。そのため、引っ越したらできるだけすぐに住民票を移すことをおすすめします。

特に、他の市や県に移動する場合、今住んでいる住所の役所で転出届を出して転出証明書をもらい、それを引っ越し先の役所に持って行って転入届を出す必要があります。転出届は引越し日の14日前から受理してもらえるので、余裕を持って役所へ行くようにしてください。

住宅ローン控除をフルに活用する返済方法を極める

住宅ローンは借金ですが、その借金の残高の1％に相当する税金を安くすることで、利息の一部を国が肩代わりしてくれます。例えば、3000万円のローンがある人を例にしてみましょう（図6－1）。

借入金額3000万円　固定金利1・38％　35年元利均等返済ボーナス払いなし

3000万円借りたので、もちろん利息（784万円）も払いますが、住宅ローン控除261万円が返ってくるため、その分利息を肩代わりしてくれているようなものということです。

変動金利と固定金利で住宅ローン控除に大差ありません。同じ条件で変動金利0・5％にして比較してみました（図6-2）。

3000万円借りたので、もちろん利息（270万円）も払いますが、住宅ローン控除256万円が返ってきます。変動金利はもともとの金利が低いので、35年で払う利息の総額はだいぶ少ないですね。でも、変動金利は上がるリスクがあります。

これに対して、住宅ローン控除は固定金利でも、変動金利でもあまり変わりません。これは元本に対して1％で固定されているからです。

自分がちゃんと住宅ローンの残高を保つ＝約定の返済を続けている限りは、この「収入」が国から支払われるという仕組みです。

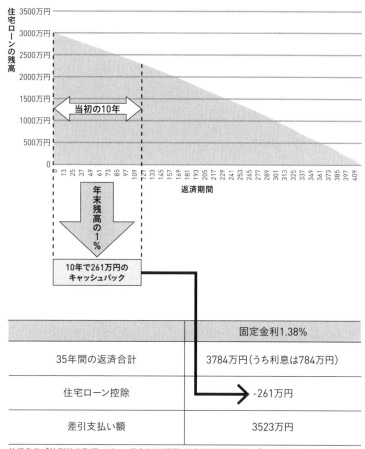

図6-1　固定金利の場合

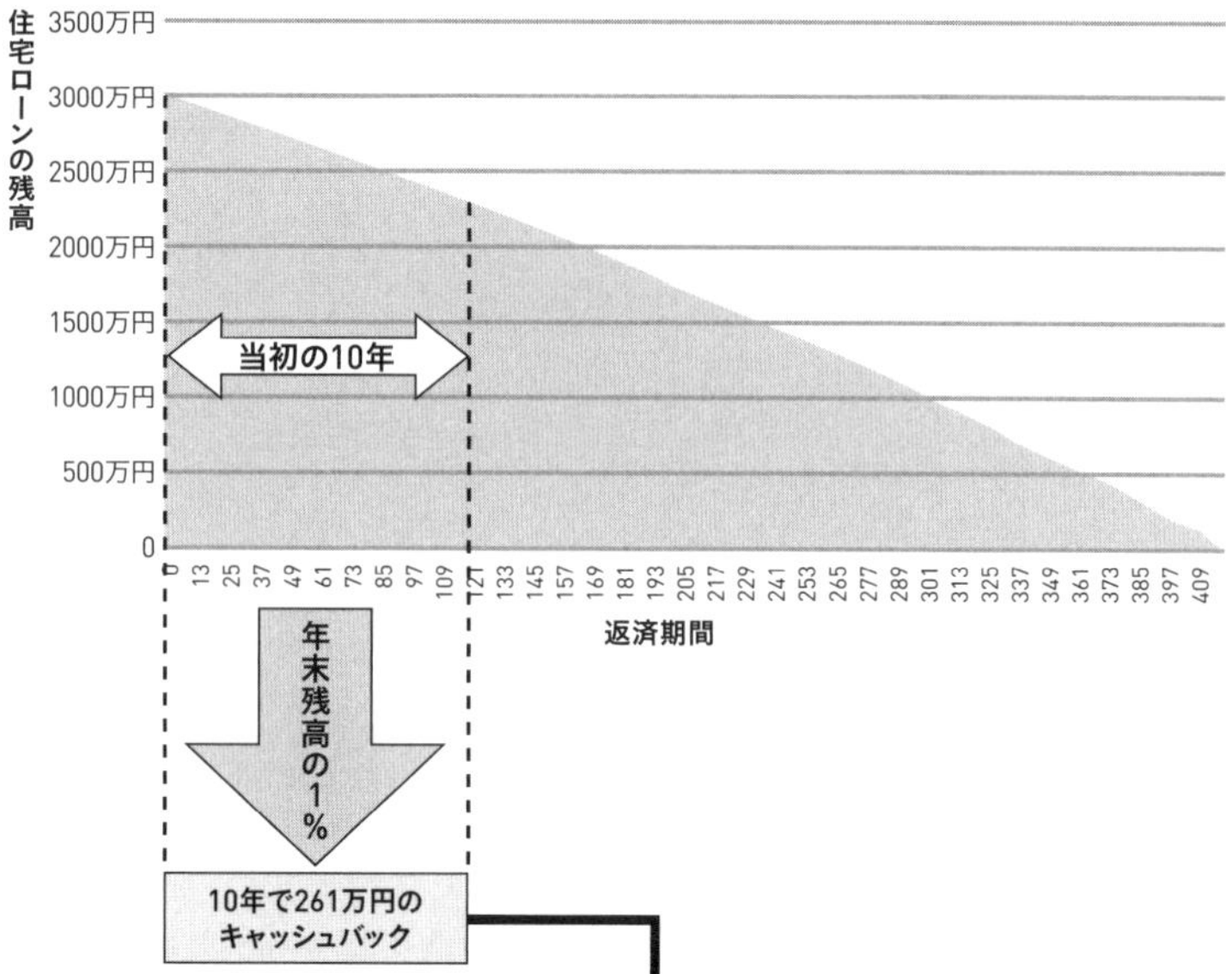

	固定金利1.38%
35年間の返済合計	3784万円(うち利息は784万円)
住宅ローン控除	-261万円
差引支払い額	3523万円

前提条件:「特別特定取得」でない、借入3000万円、35年元利均等返済、ボーナス払いなし

図6-2　変動金利と固定金利の住宅ローン控除比較

	変動金利0.5%	固定金利1.38%
35年間の返済合計	3270万円 （うち利息は270万円） ↑ 変動リスクがある	3784万円 （うち利息は784万円）
住宅ローン控除	256万円	261万円
差引支払い額	3014万円	3523万円

（住宅ローン控除の256万円と261万円は「大差ない」）

前提条件：「特別特定取得」でない、借入3000万円、35年元利均等返済、ボーナス払いなし

2
住宅ローン控除を受けられる間は繰り上げ返済しない

利息の節約より大きい住宅ローン控除の恩恵

「変動金利は今後上がるから、早いうちから繰り上げ返済しよう」という人がいますが、この住宅ローン控除がある間は繰り上げ返済しないほうがいいのです。なぜなら、住宅ローン控除のキャッシュバックは年末のローン残高の1％のため、**住宅ローン残高が多いほうが得だからです。**

図6－3のケースでは、どちらも合計240万円の繰り上げ返済をしましたが、より儲かったのは住宅ローン控除が終わった10年後にまとめて繰り上げ返済したほうです。早く繰り上げ返済をすればその分利息を節約できますが、それよりも住宅ローン控除の効果が大きいのです。これは変動金利が0・5％で住宅ローン控除が1％となっ

図6-3　住宅ローン控除がある間は繰り上げ返済しないほうがいい

	最初から2万円ずつ 10年繰り上げ返済	10年後に一括で 240万円繰り上げ返済
返済合計 （期間32年に短縮）	3238万円 （うち利息は238万円）	3245万円 （うち利息は245万円）
住宅ローン控除	242万円	256万円
差引支払い額	2996万円	2989万円

前提上限：「特別特定取得」でない、借入3000万円、変動金利0.5%、35年元利均等返済、ボーナス払いなし

ていて、住宅ローン控除の率が大きいために起こる現象です。

住宅ローン控除のある間は繰り上げ返済よりも貯蓄に専念すべき

「では、固定金利のように、金利が１%を超えている場合は住宅ローン控除のある10年間または13年間でも積極的に繰り上げ返済していったほうがいいのでは？」と考える人が多いですが、控除がある間は繰り上げ返済しないほうがいいです。

これは損得ではなく、資金繰りの安全性からの提案です。家を買うには家の代金以外に税金や手数料などの他、引っ越し代など、それに付随する支出が出ていきます。ですから、家を買った直後というのは貯蓄が最も少なくなり、想定外のアクシデントに対して、家計がとても弱くなるタイミングでもある

図6-4　繰り上げ返済しない場合と、10年後に240万円繰り上げ返済する場合

	繰り上げ返済なし	10年後240万円返済	差額
返済合計（期間32年に短縮）	3270万円（うち利息は270万円）	3245万円（うち利息は245万円）	25万円
住宅ローン控除	256万円	256万円	0万円
差引支払い額	3014万円	2989万円	25万円

前提上限：「特別特定取得」でない、借入3000万円、変動金利0.5%、35年元利均等返済、ボーナス払いなし

のです。

ですから、家を買ってからしばらくの間、繰り上げ返済せず、貯金に専念すべき時期だと思います。繰り上げ返済すれば、それによって利息を節約できますが、**繰り上げ返済したお金は返ってこないからです。**

「急にまとまったお金が必要になった」「想定外の事態で収入が大幅に減ってしまった」というときに頼りになるのは、貯蓄です。「住宅ローンの固定金利が1％を超えている」、これを高いと思うかもしれません。しかし、住宅ローン以外で銀行からお金を借りると、5％くらいの利息を取られます。カードキャッシングなら15％前後、ケタがひとつ違ってきます。

繰り上げ返済とは、いわば「銀行から利息という利益を奪うこと」です。金利が低いということは、

銀行の儲けが少ないことでもあります。少ない儲けを奪っても、当然見返りは少ないのです。

先ほどの変動金利で繰り上げ返済しない場合と、10年後に240万円を繰り上げ返済する場合とを比べてみます（図6－4）。繰り上げ返済しようがしまいが、住宅ローン控除は変わらず256万円です。そうなるように、10年後にまとめて繰り上げ返済したのです。そして、240万円というまとまったお金を一時的に先払いすることで、銀行から奪った利息は残り22年の合計で25万円となり、これを月に均すと947円です。これをひと言で表すと、次のようになります。

・1回で240万円まとめて返済する代わりに、月平均947円の節約になる

月に1000円足らずなら、家計を危険にさらさなくても、家計を見直して堅実な節約術を継続することで実現しそうなものです。

ですから、「住宅ローン控除が終わったらまとめて繰り上げ返済する」というのは、絶対的な正解ではないのです。そのときの金利や自分の貯蓄額と相談しながら決めるのが本当の正解です。

図6-5　住宅ローン控除「3つの条件」

(1)控除を受ける人の条件	・居住する目的で住宅を取得した ・取得の日から6か月以内に住み、なおかつ12月末まで住み続けていること ・合計所得金額が3000万円以下
(2)家屋の条件	①新築・中古に共通の条件 ・床面積50㎡以上の家屋 ・総床面積の半分以上が自己居住用の家屋 ②中古住宅特有の条件 ・築年数20年（マンションなど耐火建築物は25年）以下であること。そうでない時は耐震性能証明が必要 ・同居の親族などから買ったものでないこと
(3)借入金の条件	・10年以上の返済期間であること ・借入金を住宅の購入または増改築などの資金にあてること

住宅ローン控除の3つの「条件」

住宅ローン控除の条件には、控除を受ける人の条件、家屋の条件、借入金の3つがあります。

☑住宅ローン控除の3つの条件

①控除を受ける人の条件
②家屋の条件
③借入金の条件

ここからひとつずつ説明していきます。

①控除を受ける人の条件

まず自分がその条件にあてはまって

図6-6　壁芯面積と内法面積

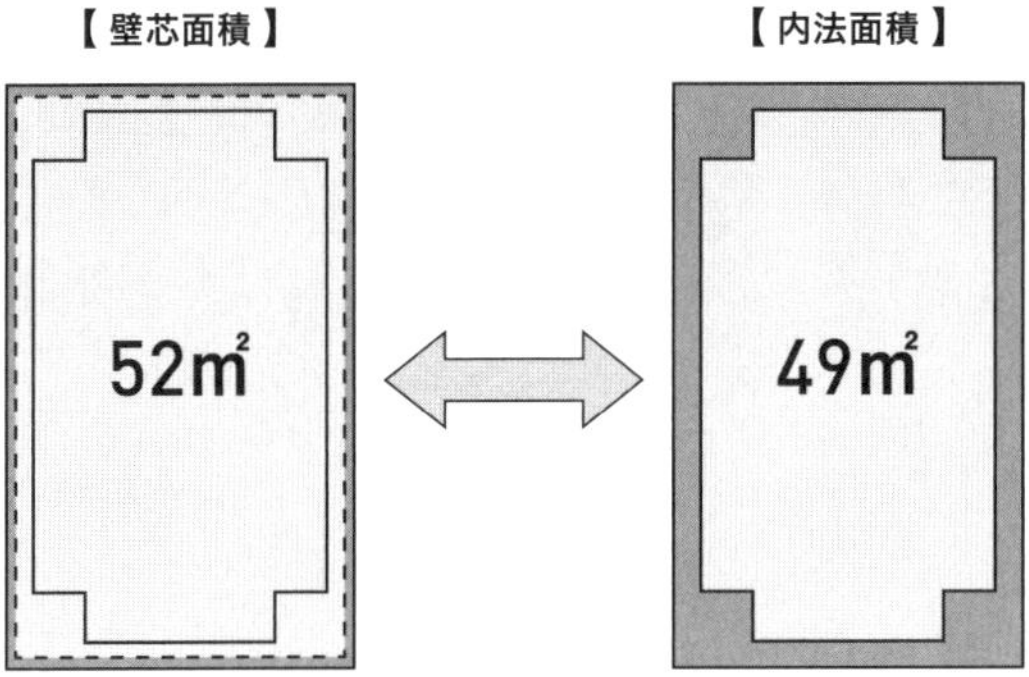

いるかを確認する必要があります。これが最も基本となる条件です。

② 家屋の条件

住宅ローン控除は、家屋を取得した人を対象とするため、次は購入する家屋が減税の条件にあてはまるかどうかを確認します。新築・中古に共通の条件と中古住宅特有の条件があります。

☑新築・中古に共通の条件

・床面積50㎡以上の家屋。
・総床面積の半分以上が自己居住用の家屋。

壁芯面積が50㎡以上でも、内法面積

が50㎡に満たない場合は住宅ローン控除を受けられません。通常、マンションのパンフレットに載っている専有面積は、壁の中心から内側の面積です（壁芯面積）。もしも壁芯面積で50㎡台前半なら、内法面積では50㎡に満たない可能性があるので、注意してください（図6－6）。

店舗兼住宅や賃貸アパート兼住宅の場合でも住宅ローン控除を受けられますが、住宅として使用する面積が半分以上なければ、住宅ローン控除を受けられません。そして、住宅ローン控除を受けられるのは、居住用の床面積の割合までです。中古住宅特有の条件は次の通りです。

☑中古住宅特有の条件

・築年数20年（マンションなど耐火建築物は25年）以下であること。そうでないときは耐震性能証明が必要。
・同居の親族などから買ったものでないこと。

ただし、築年数がこの条件にあてはまらなくても、次の要件を満たしていれば住宅ローン控除を受けることができるので、築年数だけで住宅ローン控除が受けられないと判断するのは早計です。次の2つをチェックしてみてください。

☑築年数が20年以上でも住宅ローン控除を受けられる条件

・今の耐震性能基準に適合する証明があること。
・その家屋の取得の日までに耐震改修を行うことについての申請をし、かつ、居住の用に供した日までに今の耐震性能基準に適合する証明を取ること。

③ 借入金の条件

住宅ローン控除は、家の購入または増改築代金のお金を借りることが前提なのは当然ですが、この借入金の条件には2つのポイントがあります。

☑借入金の条件

・10年以上の返済期間であること。
・借入金を住宅の購入または増改築などの資金にあてること。

銀行から家の価格以上の融資をしてもらえる場合がありますが、住宅ローン控除を受けられる上限は家の価格までなので注意が必要です。

ここまでの要件にあてはまる債務であっても、次の2つに該当する借入は、住宅ローン控除の対象になりません。

☑住宅ローン控除の対象にならない借入

・サラリーマンが会社から住宅資金を借りており、それが無利息または利率が0・2%未満の場合。

・サラリーマンが会社から利息相当の手当（利子補給金）を受けるなどして、実質的に利率が0・2%を下まわる場合。

つまり、十分に有利な借入条件で住宅を購入しているのだから、減税の恩恵を与える必要はないということです。ただし、この「会社」が金融機関であって、その本業として貸す住宅ローンを借りる場合にはあてはまりません。住宅ローン控除を受けられます。

住宅ローン控除の「上限」

住宅ローン控除の条件にあてはまったら、それだけでローン残高の1％が税金からマイナスされるわけではなく、住宅によって上限が定められています。

住宅ローン控除の上限には、「住宅による上限」と「所得による上限」の2つがあります。

☑「住宅による上限」
・一般の住宅……40万円（消費税が非課税なら20万円）
・認定長期優良または低炭素住宅……50万円（消費税が非課税なら30万円）

中古住宅を購入した場合の上限は20万円とは限らない！

よく「中古住宅の場合は上限が20万円」と聞きますが、それは誤りです。**上限が下がるのは中古だからではなく、消費税を払っていないからです**。新築住宅の建物の価格には販売会社や工務店が消費税を乗せて販売します。その代わり、家を買った人には最大40万円の住宅ローン控除という減税をしましょう、ということです。

中古住宅は、もともと個人が住居として使っていた建物で、個人が売買する場合は消費税を取りません。すると、当然ながら国には消費税の税収がありません。そのため、消費税を負担していない人の住宅ローン控除の上限は20万円に下げましょうということです。

中古住宅であっても、不動産会社が買い取った商品であれば、建物の価格に消費税がかかっています。その場合、上限は40万円になるということです。

「所得による上限」は、納める税金以上に控除は受けられない

控除は減税制度であるため、納めた税金以上にお金が返ってくることはありません。つまり、もうひとつの上限で決めるのは、当年度の所得税と翌年度の住民税（上限は前年の課税所得の7％と13万6500円のいずれか低いほう）です。

所得税額は、源泉徴収票の源泉徴収税額を見てください。住民税はお住まいの市役所の税務課で納税証明書を発行してもらえばわかります。

年収ごとに住宅ローン控除を受けられる上限の目安は次のようになります。カッコ内はそれに相当する年末借入残高です。扶養家族の人数によっても変わるので、あくまで目安と思ってください。

☑各年収で住宅ローン控除を受けられる上限の目安

・年収200万→6・9万（690万円）
・年収300万→13・6万（1360万円）
・年収400万→18・6万（1860万円）
・年収500万→27・6万（2760万円）
・年収600万→34・0万（3400万円）
・年収700万→45・6万（4560万円）
・年収800万→50・0万（5000万円）

所得税や住民税はその年の収入によって変わりますし、家族が増えれば税金は減ります。ここでの目的は、おおまかな上限を知っておくことです。例えば、上限40万円（または50万円）という情報だけで、借入残高を決めるのは早計です。**税金から控除し切れないならば、前述した安全な資金繰りの範囲内で頭金を入れて借入残高を減らしたほうが得です。**

判断に迷った場合は税務署に直接問い合わせるべし

住宅の取得において、住宅ローン減税が受けられるか、受けられないかというのは、貯蓄が大きく減少する購入直後から10年間または13年間で何百万円もの差が生じる重要なポイントです。

税法は毎年改正されています。不動産会社の営業マンや銀行の融資担当者もある程度は知っていますが、専門家ではありませんし、もし違っていた場合にその責任を取ってくれるわけでもありません。最終的にリスクを負うのは自分なので、出処のしっかりした情報源から判断し、判断に迷った場合は税務署に直接問い合わせることをお勧めします。

3 親からの資金援助を利用して賢く家を買う方法

親から資金援助を受けられる人は「贈与税」の軽減措置も

親から資金援助を受けると、「贈与税」が課税されます。この贈与税の減税制度をうまく利用することで、節税しながら無理なく家を買えます。この減税は、住宅を購入する人に対して、親から資金援助された贈与税を非課税にして、消費税増税により住宅市場が冷え込むのを抑えるのが目的です。

具体的な非課税の限度額は、次の対象者で、基礎控除額110万円を足した金額です。

①個人間売買で中古住宅を購入した人のケース

☑2016年1月～2020年3月までに住宅の売買契約をした

・省エネ等住宅…………1200万円
・それ以外の住宅………700万円

☑2020年4月〜2021年3月までに住宅の売買契約をした
・省エネ等住宅…………1000万円
・それ以外の住宅………1500万円

☑2021年4月〜2021年12月までに住宅の売買契約をした
・省エネ等住宅…………800万円
・それ以外の住宅………300万円

②住宅の引き渡しが2019年10月1日以降で
10%の消費税の適用を受けて住宅を購入した人のケース

☑2019年4月〜2020年3月までに住宅の売買契約をした
・省エネ等住宅…………3000万円

・それ以外の住宅…………２５００万円

☑２０２０年４月～２０２１年３月までに住宅の売買契約をした

・省エネ等住宅…………１５００万円

・それ以外の住宅…………１０００万円

☑２０２１年４月～２０２１年12月までに住宅の売買契約をした

・省エネ等住宅…………１２００万円

・それ以外の住宅…………７００万円

「省エネ等住宅」とは、省エネ等基準（①断熱等性能等級4、もしくは一次エネルギー消費量等級４以上であること、②耐震等級【構造躯体の倒壊等防止】２以上、もしくは免震建築物であること、または③高齢者等配慮対策等級【専用部分】３以上であること）に適合する住宅用の家屋であることにつき、住宅性能評価書などの証明書を贈与税の申告書に添付することにより証明されたものをいいます。

例えば、2020年3月までに「省エネ等住宅」を購入する人なら、3110万円（3000万円＋基礎控除額110万円）までは、親からの資金援助で贈与税を納める必要がありません。**同時に、親の財産が贈与の分だけ減ることによって、親から財産を相続するときに払う相続税も減らせるわけです。**

2020年3月までの契約なら贈与だけで家が買えてしまう勢いです。しかし、2020年4月以降の契約からは非課税枠が半減し、今のところ2021年12月までしか適用されないので注意が必要です。

両親や祖父母が資産家だという人はもちろんのこと、親に経済的な余裕がある人なら、この非課税枠を十分に利用しない手はありません。

国の思惑は贈与税の減税によって税収を増やしたい

贈与税の減税は、税収を増やすための減税措置であるといわれています。減税なのに税収が増えるとはどういうことでしょうか？　これは、親の財産を子どもに使ってもらい、経済を活性化させたいという狙いです。いわゆるタンス預金になると、消費にまわりにくくなります。

そこで、政府としては60代、70代の親から、40代、50代の子どもに、さらには、20代、30代の孫に財産を移転させて、若い世代が国内で使ってくれれば、経済が活性化すると考えているのです。

贈与税がかからない「親ローン」は借用書を作って税務署対策を！

親からの援助には、親からお金を借りる「親ローン」もあります。親から借りる場合、返済することを前提にしているため「贈与」にはあたりません。そのため、前述の贈与税の非課税枠に関係なく、贈与税はかかりません。

しかし、親から借りる場合は税務署対策を立てておく必要があります。「**借りたといいながら、実質的には贈与じゃありませんか？**」と聞かれたときに、「たしかに借りたものです」という反証を用意しておかなければ、税務署の公権力によって贈与であると見なされてしまう可能性があるからです。

事実、マイホームを購入すると、何人かに1人は税務署から「購入した資産についてのお尋ね」という郵便物が届きます。その書類には購入した物件について、次のように詳細な回答を求められます。

☑税務署から届く「購入した資産についてのお尋ね」

・頭金をいくら入れたか？　その頭金はどの金融機関の誰の口座から払ったか？
・借入の金額はいくらか？　借入はどの金融機関で誰の名義で借りたか？

そして、税務署は回答と金融機関の記録とを照合します。これを「反面調査」といいます。つまり、ウソの回答をしても金融機関の記録と食い違うので必ずバレるのです。

そのため、借用書（利息をつけてちゃんと完済する内容のもの）を取り交わし、毎月返済していく必要があります。その返済は現金手渡しではなく、銀行振り込みで行い、ちゃんと金融機関の記録を残しておけば、「借用書通りに借りたお金であって、現に返済している」という証拠になります。

「親ローン」の場合はそもそも非課税ですが、借りたお金は親に戻るので、相続のときには相続税がフルにかかってきます。 そして、「親ローン」は金利がいくら高くても、住宅ローン控除の対象外です。借入残高が多くても、税金が安くなることはありません。

まずは、贈与税の非課税枠を使い切ってから、足らずの部分を「親ローン」とすることが賢い節税になるでしょう。

4

「フラット35」の金利引き下げ制度を利用して固定金利を大幅に引き下げる

フラット35の金利引き下げ制度とその条件

フラット35については、「知っていると得する（知らないと損する）」情報がたくさんあります。この原資は税金です。それぞれの引き下げ制度の予算額が決まっているので、予算に達すると終了になります。

本書の執筆時点で3つの金利引き下げ制度があります。

☑フラット35の金利引き下げ制度

①「フラット35S」で当初10年または5年0・25％引き下げ
②「フラット35リノベ」で当初5年または10年0・5％引き下げ
③「子育て支援型」「地域活性化型」で当初5年0・25％引き下げ

図6-7　フラット35の金利引き下げ制度

タイプ	引き下げの内容	予算
フラット35S	当初10年（金利Aプラン） または5年間（金利Bプラン） 0.25%引き下げ	国
フラット35リノベ	当初10年（金利Aプラン） または5年間（金利Bプラン） 0.5%引き下げ	国
フラット35子育て支援型 および地域活性化型	当初5年間0.25%引き下げ	都道府県、 市町村

ひとつずつ説明していきます。

①「フラット35S」で当初10年または5年0・25%引き下げ

省エネルギー性、耐震性などに優れた住宅を取得してフラット35を借りると、当初の10年または5年間、0・25%引き下げになるのが「フラット35S」です。満たすべき性能基準の厳しさで、引き下げの期間が変わってきます。

当初の期間の金利が低い商品は、民間金融機関の当初固定金利にもあります。しかし、民間住宅ローンは当初の期間が終わったら、そのときの基準金利が適用されるので、金利が上がっていたときは高い金利が適用されてしまいます。

フラット35Sは現時点の金利で固定されているのでそういうことがありません。まさにS（スペシャル）なフラット35なのです。

②「フラット35リノベ」で当初5年または10年0・5％引き下げ

フラット35Ｓよりもさらにすごいのが、「フラット35リノベ」です。こちらは何と0・5％引き下げになります。省エネルギー・耐震性などの住宅性能を一定以上向上させる性能向上リフォームにより、住宅性能を向上させた中古住宅を取得することが条件です。

ただし、フラット35Ｓとの併用はできません。というのも、条件になっている住宅性能基準はフラット35Ｓと同じだからです。二重に受けられることになったら、不公平ですよね（図6－8）。

「リノベ」については、すでに基準に適合している住宅をリフォームしても対象にならないケースがあるので、注意が必要です。住宅金融支援機構のホームページで詳細を確認してください。

③「子育て支援型」「地域活性化型」で当初5年0・25％引き下げ

「フラット35子育て支援型」は、若い子育て世帯が親との同居または親元の近くで暮

図6-8　フラット35Ｓとフラット35リノベの比較

タイプ	フラット35S	フラット35リノベ
引き下げ期間	(1)〜(6)のうち1つを満たす住宅を取得すること。	(1)から(6)までのうち、いずれか1つ以上の基準に適合させる性能向上リフォームを行うこと。
当初10年引き下げ（金利Ａプラン）	(1) 認定低炭素住宅 (2) 一次エネルギー消費量等級5の住宅 (3) 性能向上計画認定住宅（建築物省エネ法） (4) 耐震等級（構造躯体の倒壊等防止）3の住宅 (5) 高齢者等配慮対策等級4以上の住宅（共同住宅の専用部分は等級3でも可） (6) 長期優良住宅	
当初5年引き下げ（金利Ｂプラン）	(1) 断熱等性能等級4の住宅 (2) 一次エネルギー消費量等級4以上の住宅 (3) 耐震等級（構造躯体の倒壊等防止）2以上の住宅 (4) 免震建築物 (5) 高齢者等配慮対策等級3以上の住宅 (6) 劣化対策等級3の住宅で、かつ維持管理対策等級2以上の住宅（共同住宅などについては、一定の更新対策が必要）	

らすために住宅を取得する場合や、中古住宅を購入する場合に適用されます。「フラット35」の金利が当初の5年間、通常より0・25％引き下げになります。

「フラット35地域活性化型」は、ＵＩＪターンによる移住や、コンパクトシティの形成のための居住誘導区域内に移住するために、新築住宅や中古住宅を購入する場合で、フラット35の金利が当初の5年間、通常より0・25％引き下げになります。

この補助金制度は、「フラット35Ｓ」とも組み合わせができ、そうなると合計0・5％もの引き下げになります。ただし、自治体や金融機関によって取り扱いが異なることがあるので注意が必要です。

条件が合えば2つの金利引き下げ制度を組み合わせられる

意外と知られていないのですが、複数の金利引き下げ制度を併用することができます。併用が可能なのは、次の2つのパターンです。

☑金利引き下げ制度で併用が可能な2つのパターン

①子育て支援型および地域活性化型とフラット35Sの組み合わせ
②子育て支援型および地域活性化型とフラット35リノベの組み合わせ

①地域活性化型とフラット35Sの併用例

例えば、フラット35S（金利Aプラン）の条件を満たす長期優良住宅を購入または建築し、その地域が地域活性化のためにフラット35と連携している自治体ならば、当初5年間はフラット35の金利から0・5％引き下げになり、次の5年間は0・25％引き下げになります。

② 子育て支援型とフラット35リノベの併用例

例えば、小さなお子さんのいる家庭でフラット35の子育て支援型による金利引き下げができるのであれば、中古住宅を購入してリノベーションし、フラット35リノベ（金利Aプラン）の引き下げ条件にあてはまります、すると当初の12年間のフラット35の金利が0・5％も引き下げになるのです。

自治体によっては、この併用を認めていないところもありますが、そもそも併用できることを知らずに申請していないと受けられません。**不動産会社の営業マンの中には提携ローンばかりを勧めて、こうした有利な制度については勧めてこない人もいます**。決して人任せにせず、視野を広く持って住宅ローンを選びましょう。

5

知らなければ、申請しなければもらえない「すまい給付金」「自治体の補助金」

住宅の取得を後押しするさまざまな補助金

最後にご紹介するのが国や各自治体の補助金で、次のようなものがあります。

☑国や各自治体の補助金

・国土交通省の「すまい給付金」。
・地方公共団体の「低利融資制度」「利子補給」「補助金」。

住宅の購入は、大きく消費に貢献するので、経済を活性化させます。また、都道府県や市町村にとっては住民を増やすことが税収の増加につながります。そのため、国や各自治体は住宅の取得を後押しするさまざまな補助金を用意しているのです。

しかし、これらはあまり認知されていないのが現状です。そこで、最後は給付金や補助金によって得をする方法について紹介します。

「すまい給付金」では最大30万円もらえる

「すまい給付金」とは、消費税率引き上げによる住宅取得者の負担を緩和するために創設された制度です。**消費税率8%の場合は、年収510万円以下の人を対象として最大30万円の給付。消費税率が10%のときは収入額の目安が775万円以下の人を対象に、最大50万円給付するものです。**

年収が510万円以下だと、住宅ローン控除の恩恵が十分に得られない場合があります。そういうときに、この制度で補てんできるのです。ただし、住宅の取得から1年以内に申請しないともらえないので注意してください(当面の間1年3か月に延長)。

地方公共団体の低利融資制度、利子補給、補助

全国の地方公共団体では、地産材料の利用や耐震性、環境に配慮した住宅の推進などの地域に適した住まいづくりを進めています。各地方公共団体の方針に合った住宅の購入や建築をする場合には、各種の補助金や低利子での融資、利子の補給が受けられるこ

図6-9　自治体は補助金や支援を行っている

目的	補助金、支援の例	金額の目安
耐震化	耐震工事代金の一部を支援、 耐震診断士の派遣など	200万円前後
省エネ化	太陽光パネル、蓄電池の購入代金、 工事代金の一部を支援	20万～30万円
環境対策	屋上、壁面、 ベランダの緑化の工事代金の一部を支援	㎡あたり1万～3万円
防災対策	擁壁の工事代金の一部を支援	200万円前後
同居対策	同居するための住宅の取得やリフォーム	20万～30万円

とがあるのです。

前出のフラット35の子育て支援型および地域活性化型はフラット35の金利引き下げとして紹介しましたが、その自治体が予算を使って税金で利息を肩代わりしてくれているというわけです。

図6－9のような目的で、何らかの補助金や支援を行っている自治体が多数あります。中には「こんなことでお金がもらえるの？」というものもあります。その地域にどんな支援制度があるのかを、こまめに確認するだけで数十万円から数百万円の違いが出てくるのです。

これからの**補助金のキーワードは、「子育て」「耐震」「バリアフリー」「省エネ」「緑化」「防災」「同居」**です。自分が家を買う際には、地域名と合わせてインターネットで検索してみてください。

第7章

「住宅ローン無料相談ドットコム」に寄せられた相談実例

最後に、私がこの本を出すまでに、公認会計士の資格や本名などの一切を伏せて匿名で運営してきた「千日の住宅ローン無料相談ドットコム」に寄せられた一般のご相談者のリアルな事例をご紹介したいと思います。

まず、私のサイトは、次の3つをコンセプトにしています。

☑「千日の住宅ローン無料相談ドットコム」のコンセプト

①特定の企業と利害関係のない第三者が無償で回答する
②完全無料で保険勧誘なし
③匿名のまま相談できる

どんなに高度な専門知識と経験を持った専門家によるコンサルであっても、依頼者のサイドに立っていなければ何の意味もありません。回答にあたり、依頼者の利益を最優先した回答を行っています。

そして、利用者に対して、一切の金銭の要求をせず、匿名の相談者の相談に答えるので、実際に家を買う人のリアルな事例が寄せられるのです。

Case - 1　30代 共働き頭金ゼロのペアローン

☞世帯年収では1000万円を超える高収入だが、貯蓄がない

居住予定の家族の年齢と年収	夫（30歳）年収540万円 妻（30歳）年収510万円
自己資金の額	ゼロ
物件価格	6000万円
借入予定額	6300万円
物件のタイプ	都心部の新築マンション
相談内容	自己資金がゼロで新築マンションを購入するのは無謀かもしれませんが、やはりどうしてもほしいということで夫婦の意見は一致しています。 夫婦ともに勤め先が大きな会社ということもあり、何とか**夫婦ペアローン（連帯保証）であれば、審査に通る**ことになりました。 夫婦ともに固定金利では、支払が月収の4割を超えてしまいます。 夫婦ともに変動金利なら4割以下になりますが、毎月返済額の25%を貯金することを加味すると月収の4割を超えてしまいます。 そこで、**妻のほうは35年固定でボーナス払い**にしようと思っています。そうすれば毎月の返済を低く抑えられますし、固定金利なので金利のリスクは抑えられます。 一方で夫のほうをどうするか？　同じ固定金利にするか変動金利にするか迷っています。

Answer：夫婦どちらも10年固定でボーナス払いなしにする

固定金利では両方それぞれが厳しい状態です。つまり、奥様を固定金利に確定されていますが、事実上、その選択も考え直したほうがいいと思います。どちらも10年固定とする（ボーナス払いなし）ことをお勧めします。

そうすれば、元利均等返済額を月給の3割程度に抑えられます。ただし、どちらかの収入がなくなると7割になりますね。

奥様をボーナス払いとしていますが、産休などで収入が減る可能性の高い奥様にリスク部分を寄せるのは、尚のこと危険です。

流通性が高い都心部マンションなら10年後に売却可能

もし仮に、途中でローンの返済が頓挫した場合でも、比較的任意売却で処分しやすい物件とお見受けしました。あまり悲観的に考えないでくださいね。普通に売って住み替える人はたくさんいるのです。

まだ若いのですから、10年後にリスクを取ってもいいのではないでしょうか。ご夫

図7-1　夫婦どちらも10年固定でボーナス払いなしにする

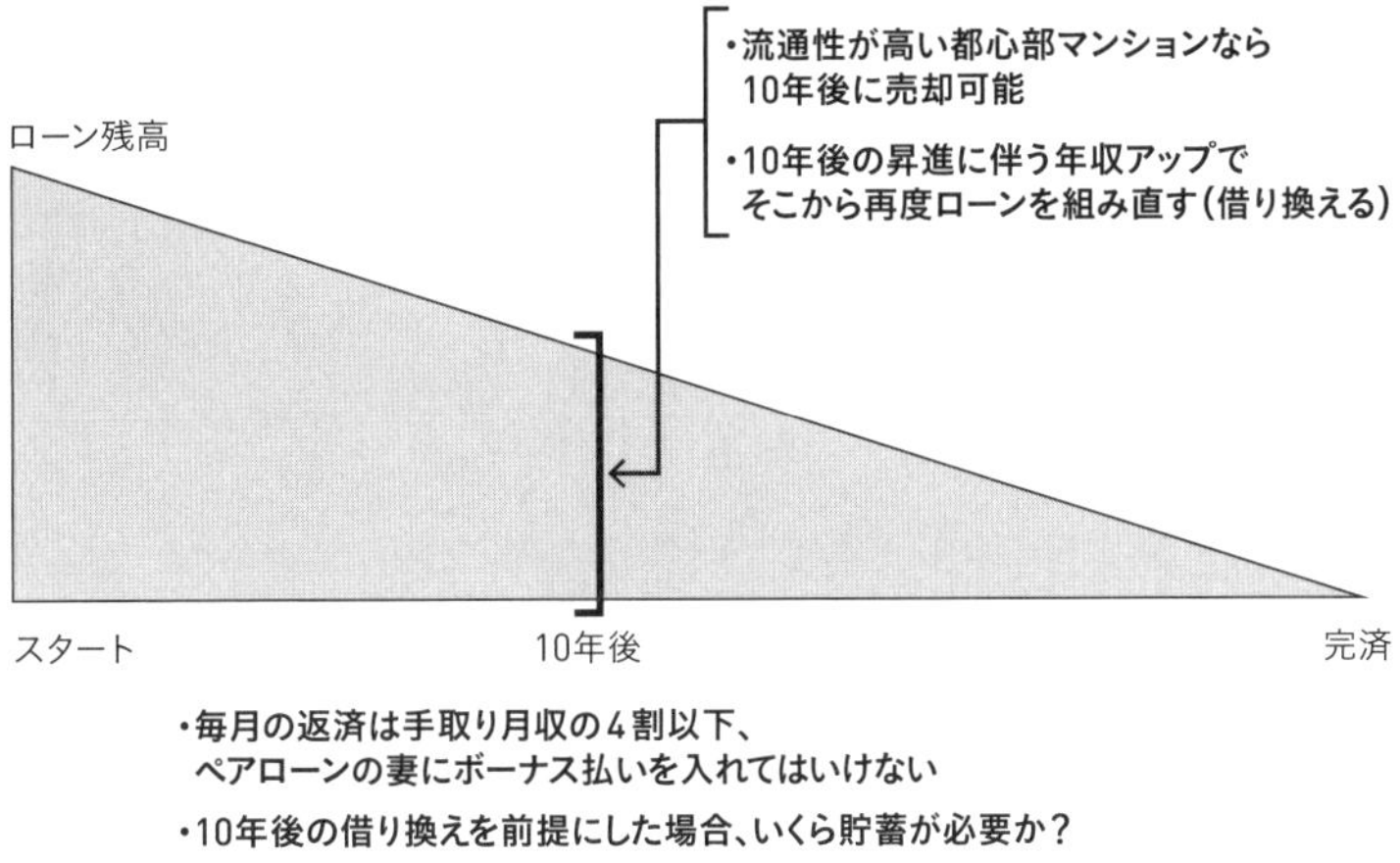

婦2人ともが同じく10年後にリスクを取り、当初の10年間は家計を見直して貯蓄を作る期間にするのです。

10年後の昇進に伴う年収アップでそこから再度ローンを組み直す(借り換える)

これから借り換えを前提とした貯金をしましょう。収入と保有資産が増えれば、今よりも審査の属性はアップします。借り換え費用はかかりますが、ペアローンをひとつにまとめることができます。

ペアローンの妻にボーナス払いを入れてはいけない

妊娠と離婚が同時にやってくることもあります。月の支払いにボーナス払いが重なると、奥様の単独の手取り月収を超えてしまいます。予期せぬアクシデントで貯蓄がゼロになるタイミングでボーナス月がくると、たちまち窮地に陥ってしまいます。

夫婦が一枚岩でなくなった場合、まず困るのはボーナス払いの奥様のほうです。

10年後の借り換えを前提にした場合いくら貯蓄が必要か？

10年後の貯蓄の最低ラインは物件価格の2割をめざしましょう。**普通は物件価格の1〜2割の頭金を用意してから購入します。それを10年遅れてはじめるという考え方が元になっています。**「頭金を遅れて用意する」ようなものです。貯蓄については、当初10年は「最大限に」行いましょう。

Case -2　30代 年収の10倍の家を買う

☞頭金2割で金利が0.1%優遇されるスーパーフラットとSの組み合わせ

居住予定の家族の年齢と年収	夫（30歳）年収420万円 妻（32歳）年収260万円（契約社員） 子どもはいませんが現在妊娠中で近々出産予定、2年後には2人目を予定しています。
自己資金の額	1300万円（うち1000万円は義父からの援助）
物件価格	4300万円
借入予定額	3440万円
物件のタイプ	建売一戸建て
相談内容	**年収の10倍を超える家**ですが、親の援助とこれまでの貯蓄があるので、なんとか買えないことはないかな……と思っていますが、やはり不安です。 家の購入資金とは別に、もしものときのために貯金を300万円残しておくつもりです。変動リスクに対処できる収入がないので、アルヒのスーパーフラット（頭金2割で0.1%金利引き下げ）がよいのかと思っていますが、いかがでしょうか？ **4000万円の家を買うと生活費でほとんど消えていく**ので、家族で遊ぶレジャー代などが捻出できるか、**老後の資金を貯められるかなどが心配**で、あきらめたほうがいいのかとも思っています。

Answer：頭金が2割あれば年収の10倍の家でも購入できるが、迷ったら引き返す勇気も必要

まだお若いですから、今の年収からの伸びしろも計算に入れてもいいと思いますよ。**フラット35であれば、金利変動のリスクはないので、年数とともに返済は楽になっていきます**。また、長期金利が低いときはベースとしてフラット35の金利も低く、貯蓄や親の援助で頭金を多く用意できるなら、アルヒのスーパーフラットは合理的な選択です。

スーパーフラットとフラット35Sは併用OK

フラット35Sとは、省エネルギー性、耐震性などに優れた住宅を取得する場合に、フラット35の金利を一定期間引き下げる制度です（222ページ参照）。

そして、この「S」とスーパーフラットは重ねができます。つまり頭金が2割あると、次のようになるのです。

図7-2　スーパーフラットとフラット35Sは併用OK

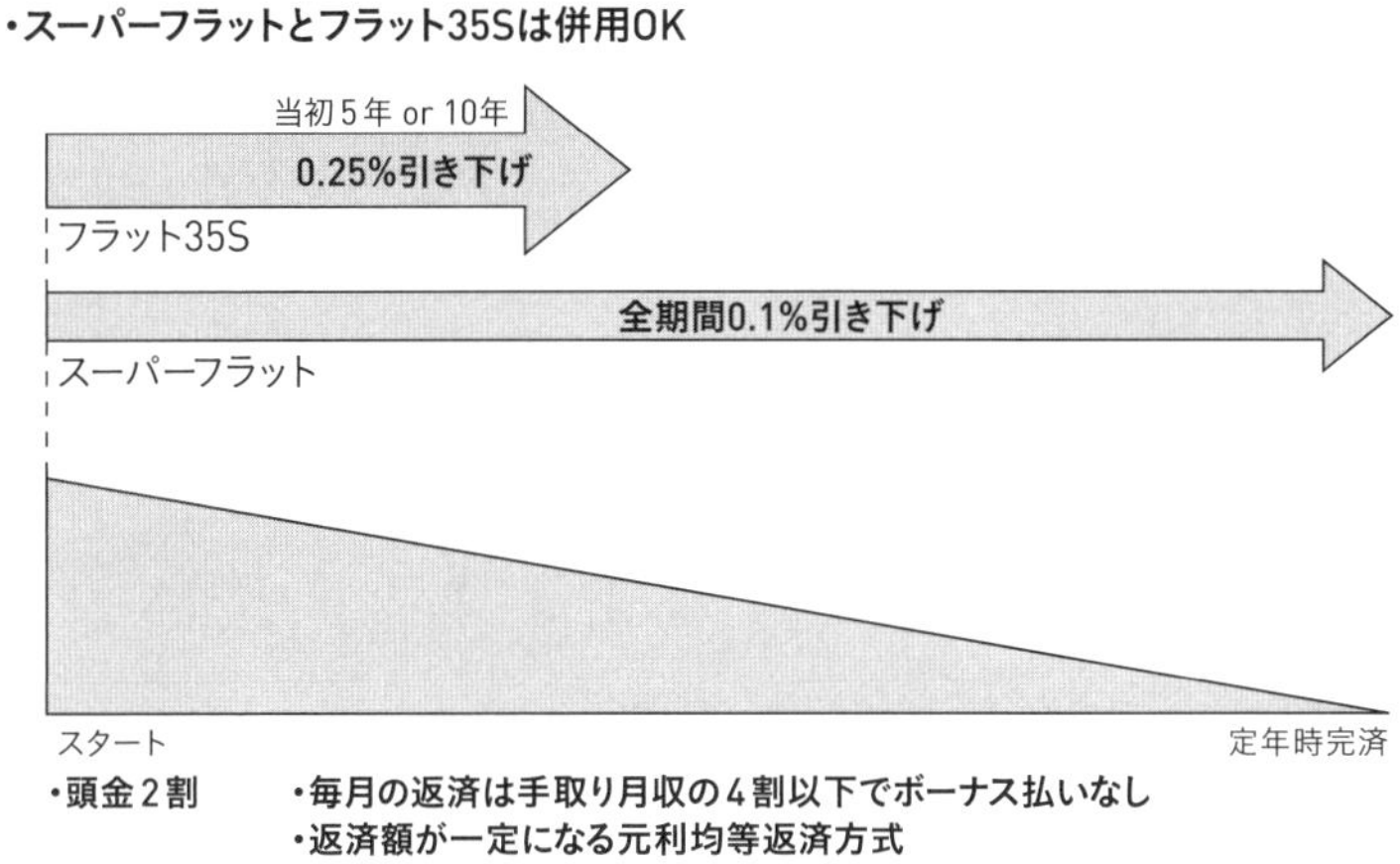

☑頭金が2割あると重ねができる

・金利Aプラン：当初10年間0・35%引き下げ、その後完済まで0・1%引き下げ。
・金利Bプラン：当初5年間0・35%%引き下げ、その後完済まで0・1%引き下げ。

大手銀行の当初固定金利と遜色ない金利になるうえ、当初期間が終わったあとも安心の固定金利というわけです。

迷ったら引き返す勇気も必要

私ならば4300万円の物件でゴーサインを出します。ただし、これは住宅ローンの切り口から「無理なく完済可能か?」という面だけで判断した話です。

「ここまでやったのだから後戻りはできない……」

「費やした時間を無駄にしたくない……」

「がんばってくれた営業さんに悪い……」

「お金を援助してくれた、お義父さんの手前もある……」

こうしたいろいろな想いが交錯するかもしれませんが、引っかかりがあるなら勇気を持って撤退しましょう。「迷ったときはやめろ」です。契約前ならいくらでも引き返せます。

撤退は決して失敗ではありません。むしろ、何が問題かを知るチャンスなのです。勢いで買ってしまうよりも、一度立ち止まり、引き返したことのほうがよりよい経験になります。

マイホームの購入に必要なのは、十分な自己資金と冷静な判断です。自己資金は十分なので、ゆっくり考えて後悔のない選択をしてくださいね。

Case -3　40代 公務員の住宅ローン

☞今40代で定年までに完済するなら固定期間は20年で足りる

居住予定の家族の年齢と年収	夫（43歳）年収700万円 公務員 妻（41歳）専業主婦、パート希望 子ども 6歳、3歳
自己資金の額	1500万円
物件価格	4130万円
借入予定額	4310万円
物件のタイプ	新築マンション
相談内容	職業は公務員で収入が安定していることもあり、当初はなんとなく35年固定にしようかと考えていました。 ただし、年齢が年齢ですから、5年以上の繰り上げ返済が必須であり、30年固定金利くらいが妥当かと考えていました。 しかしながら、さらに千日さんのブログを拝見するなかで、**定年退職までの勤務期間が20年を切っており、子どももまだ小さい**ことから、本当にこれで大丈夫なのか？　不安に思いはじめました。 私の場合に合う住宅ローンの組み方、返し方をご指南いただけないでしょうか？

Answer：40代からの住宅ローンなら固定期間は20年をお勧めします

40代というと、社会でのポジションがよくも悪くもフィックスされる年代です。会社員であれば職場でのポジション、会社の評価などもほぼ固まってきます。「自分の場合だったら、今後の収入はここくらいまでかな……」なんていうことが見えてくるのです。その一方で、これは逆の見方をすれば、少なくとも今の収入を維持できるということでもあります。

60歳または65歳定年を前提とした計画を立てる

政府は2019年度から定年の段階的な引き上げを検討していますが、同時に総人件費を抑制する総合政策も検討中です。保守的に考えて60~65歳までの5年間の生活を維持するための最低限の貯蓄が必要です。

ご主人が60歳の時点でお子さんの年齢は23歳と20歳ですね。ということは、お子さんの大学入学が定年退職の直前の55~58歳の時期に集中します。

図7-3　40代からの住宅ローンなら固定期間は20年をお勧め

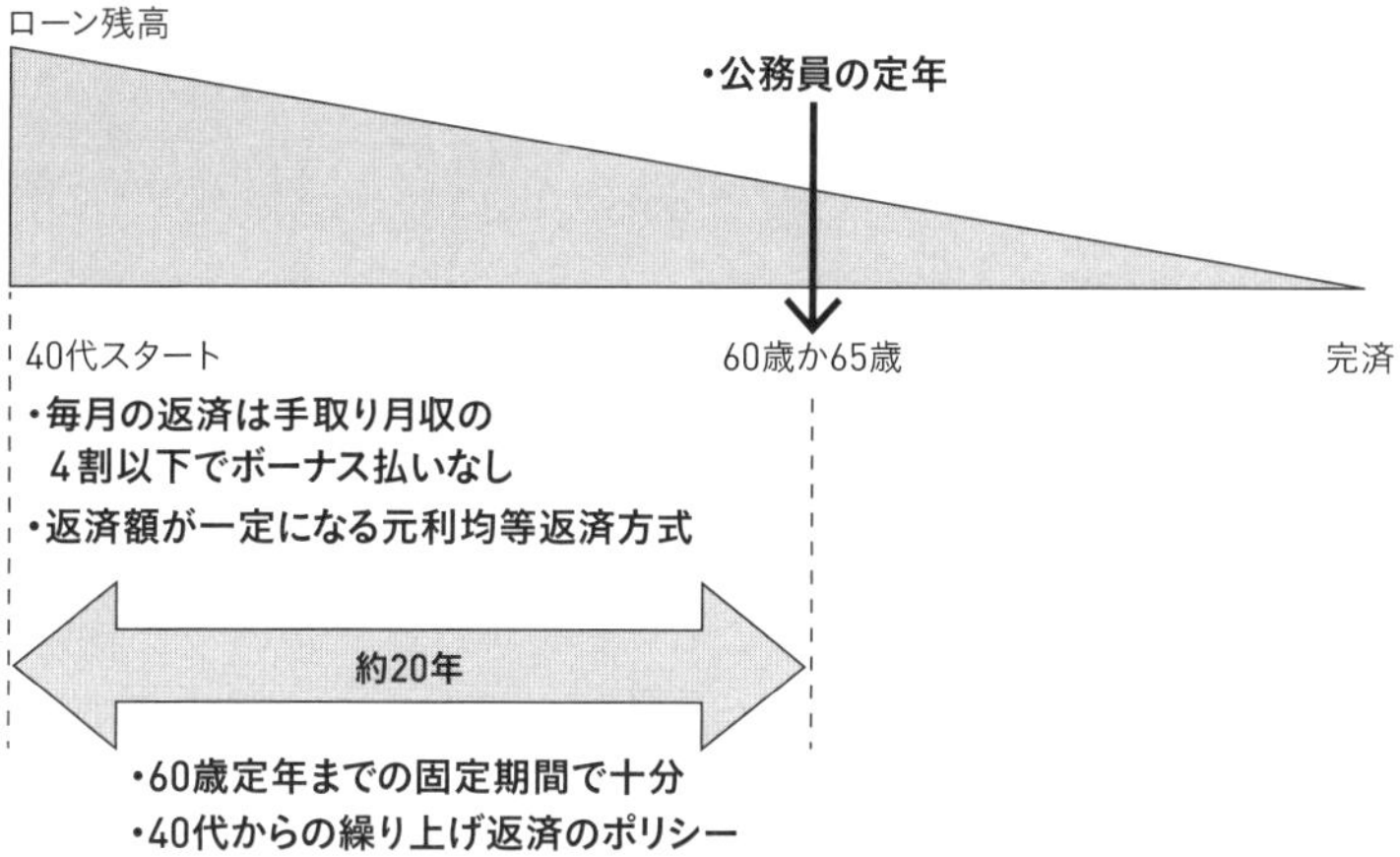

5年間の収入が中断する直前に大きな支出を伴うイベントが連続するのは、要注意ポイントです。

60歳完済までの固定期間で十分

60歳までに完済であれば、30年や35年の固定期間はオーバースペックです。住宅ローンは固定期間が長いほど金利が高くなります。40代であれば60歳までの期間は20年を切りますので、20年以下の固定金利がジャストサイズですよ。

借入年数は最長の35年にして繰り上げ返済資金を貯めながら60歳での完済をめざすことをお勧めします。

40代からの繰り上げ返済のポリシー

金利タイプも大事ですが、リタイアの時期とお子さんの大学入学が近接しているので、貯蓄の計画が優先されるだろうと思います。

現在の貯蓄が1500万円あり、銀行から投資信託などの金融商品の売り込みを受けるのではないでしょうか？

ただし、投資信託には元本割れのリスクがあります。また、投資信託を販売する銀行員による「人気商品ですよ」という言葉にも注意が必要です。銀行の利益（私たち消費者の不利益）が大きい商品を熱心に売っているから、結果的に人気になっているだけかもしれません。

もしも、あまりに貯蓄が増えてきたなと感じたなら、その余剰資金を繰り上げ返済にまわすくらいがいいと思います。繰り上げ返済によって、本来払う利息を節約できるわけです。

「年数は最長の35年にしておく」「繰り上げ返済は『投信でも買おうかな』と思うほどにお金があまったときだけ」、この2点をお忘れなく。

Case -4　40代 10歳以上年の差夫婦共働き

☞夫の定年退職後に半減する収入に合わせた住宅ローンの返済方法

居住予定の家族の年齢と年収	夫（45歳）年収800万円 妻（32歳）年収500万円 年内に第一子出産予定。
自己資金の額	1100万円
物件価格	3800万円
借入予定額	3000万円
物件のタイプ	注文住宅
相談内容	いろいろネットで調べてみましたが、私たちのような歳の差夫婦で共働きの場合については情報がなく、思い切ってメールしました。 工務店が提携している**信用金庫の30年固定金利がフラット35と同じくらいの低金利**で、仮審査も通っています。でも、夫の年齢が45歳なので、定年後の家計が心配でなりません。 繰り上げ返済は考えないほうがいいでしょうか？死亡と3大疾病保障付の団信に通ったので、長期で払い続けると夫はいっているのですが、私は心配です。

Answer：ミックスローンor多額の繰り上げ返済で返済額を段階的にコントロールするのがお勧めです

あと10数年で定年退職となる状態で、３０００万円の住宅ローンは心配になりますよね。**旦那様が60歳でリタイアしたとすると、年金が支給開始されるまでの5年間は奥様の収入だけになります。**この５年間を無理なく乗り切れる住宅ローンの借り方、返し方というのがポイントです。

ミックスローンとは、ひとつの家に対して2本の住宅ローンを組むこと

重要なポイントは旦那様が定年退職したあと、５年間は収入が半分以下になることが確定しているということです。そのときの支払いを半分にする住宅ローンを組むのです。

つまり、**10年固定（旦那様の定年退職まで）と30年固定（奥様の定年退職まで）のミックスローンを使って、返済額を段階的に減らす、という方法です。**

図7-4　固定期間のミックスで繰り上げ返済

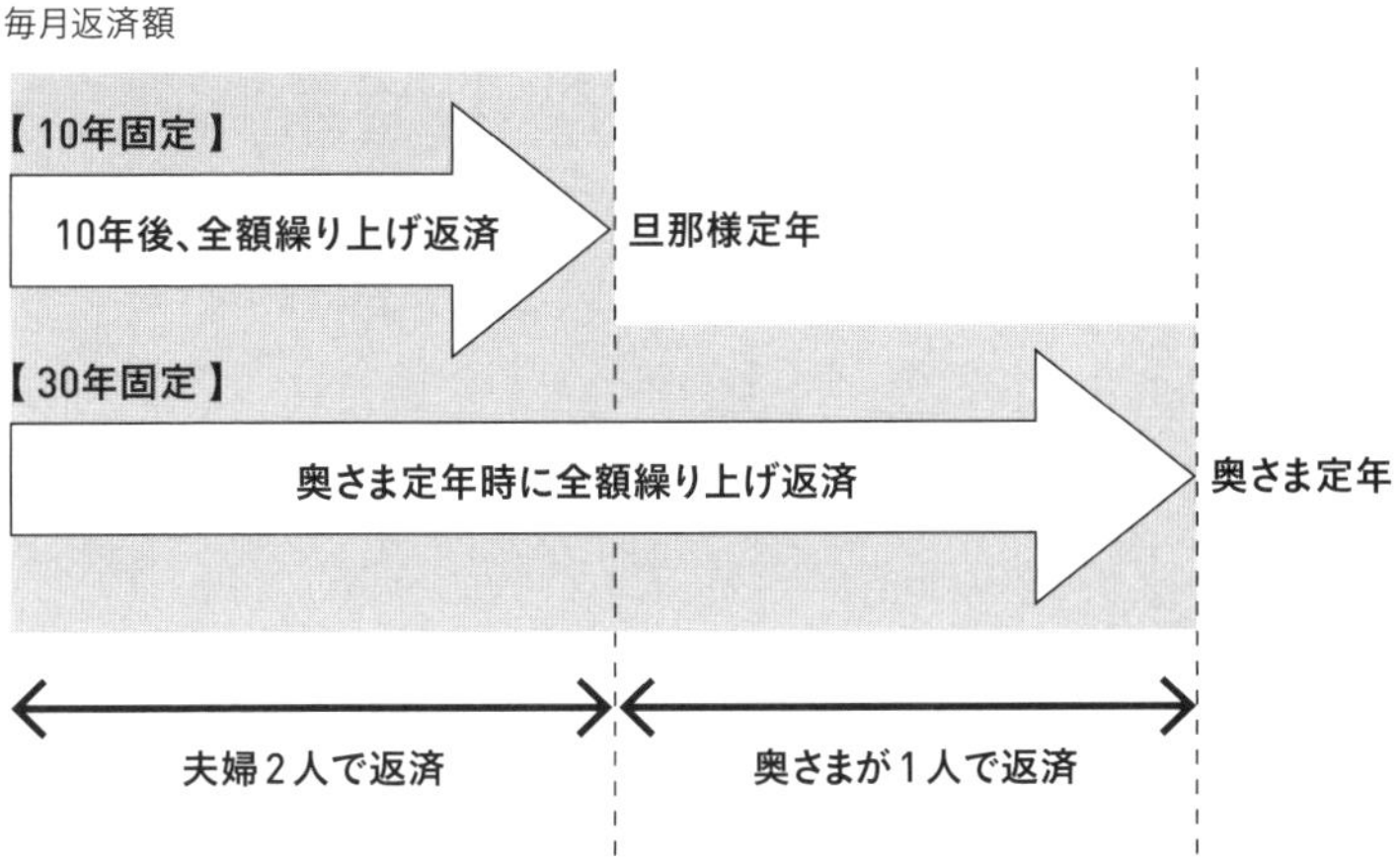

当初の10年間は、10年固定と30年固定の両方の返済を行い、毎月約８万円の返済します。これは主に旦那様の月収によって支払います。奥様は今年中に出産を予定されていますので、奥様の収入は加味しませんが、問題なく返済できるものと思います（手取り月収の４割以下）。

そして、旦那様の定年前にやってくる10年後の残高１１００万円を一括返済します。これは10年間の貯蓄によって賄います。１年に１１０万円の貯蓄で可能ですね。

当初の10年は繰り上げ返済せず、10年経過してから一括返済します。こうすることで、住宅ローン控除の恩恵を無駄なく受けられます。

その後の支払いは30年固定の月4万円だけになりますね。少額で金利は固定ですから、定年後の支払も安心できるでしょう。

信金の30年固定で借りて10年後に半分繰り上げ返済する方法

ミックスローンには、10年後に10年固定を一括返済しなければ、それ以降は高い金利が適用されてしまうリスクがあります。

そこで、**信金の30年固定で借りて、10年目に残高の半分を繰り上げ返済する方法でも、ミックスローンと同じような効果を上げることができます。**10年固定金利よりは高い金利になるのがデメリットですが、その信金は住宅ローンに力を入れているようなので、メガバンクやフラット35と同程度の低金利なのですね。

金利が高くなる代わりに、10年後に絶対繰り上げ返済しなければならない、というハードルは低くなります。老後資金と、そのときの奥さまの収入を見て、繰り上げ返済額を調整できるのは大きなメリットだと思います。

いずれにしても、**旦那様の定年後にやってくる収入の半減期の返済を低く抑えるという戦略的な考え方で繰り上げ返済することをお勧めします。**

Case -5　50代からスタートする住宅ローン

☞年金生活後も継続しなければならない住宅ローンの返済方法

居住予定の家族の年齢と年収	夫（54歳）年収800万円 妻（54歳）年収600万円
自己資金の額	2000万円
物件価格	4500万円
借入予定額	？万円
物件のタイプ	新築マンション
相談内容	千日さんのブログを参考にしながら、50代からの住宅ローンの借り方、返し方について研究し、やっと自分なりの答えが出ました。 スタートの遅れから、年金生活開始後も返済生活は避けられません。そこで、65歳以降の返済額を抑える方法として、**10年固定と20年固定のミックスローン**を考えています。 **自己資金以外にも終身年金型の積立を続けており、累計約1000万円、最終積立額が2000万円になるよう積立中**です。65歳までは2人とも働く覚悟でいます。 このような考え方の是非と、おすすめの銀行を教えてください。

Answer：50代からの住宅ローンは効率性よりも持続可能性です

「老後の安心のために家を買いたい」という理由から家を購入する人が増えているようです。しかし、家を買うことは、必ずしも老後の安心につながるとは限りません。

自分たちが年金を受ける立場になったときに、今の水準で年金の支給を受けられるとは考えにくいですよね。老後資金を残したうえで家を買うのであれば、年金収入になったときの住居費の節約につながるでしょう。しかし、**家を買ったことによって老後資金が底をついてしまったら、むしろ老後破産のリスクを高めてしまいます。**

ですから、自己資金を温存しつつ、定年退職後の支払いを少なく抑えて、細く長く継続するという作戦をお勧めします。「細く長く」ということは、利息を長く払うので、いわゆる損得勘定の物差しでは「損な方法」になるのですが、家の購入については、損得よりも持続性が優先されると考えています。

お勧めしたい方針は「**今ある自己資金と退職金にはできるだけ手をつけない**」「**定年後の支払いは長くなってもいいからとにかく少なくする**」の2つです。

図7-5　40代と50代で違ってくるミックスローンの方針

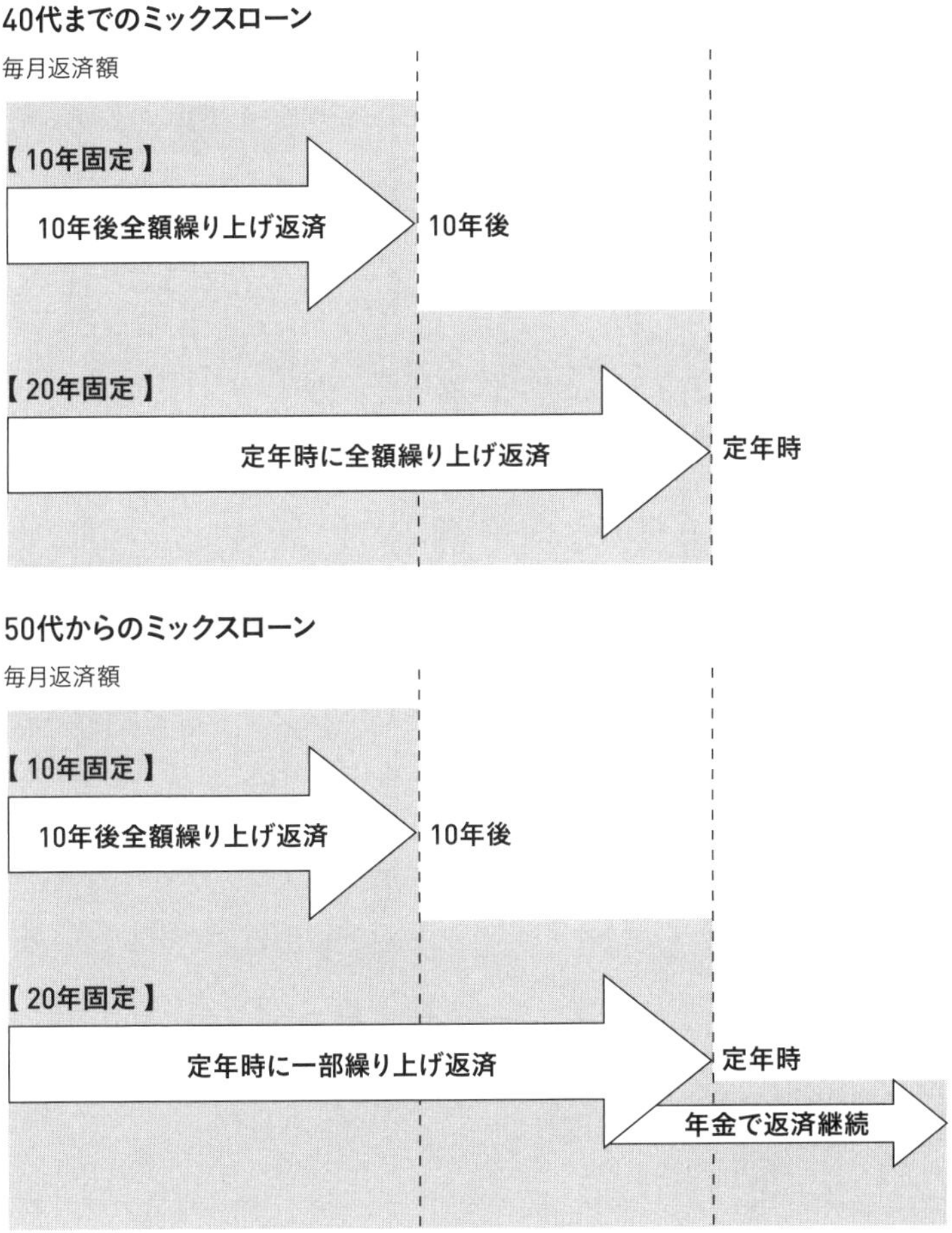

10年と20年のミックスローンで　定年時に繰り上げ返済する方法

50代からの場合のミックスローンの考え方は、40代までのミックスローンとは少し違います（図7－5）。

☑40代までのミックスローンの方針

・10年固定は住宅ローン控除が終わる10年後に完済し、それまでは繰り上げ返済しない。
・11年目からは20年固定だけになるので繰り上げ返済も可。

☑50代からのミックスローンの方針

・10年固定は住宅ローン控除にかかわらず、定年までに完済する（つまり9年ですが、住宅ローン控除のためにあえて10年とする考え方もアリ）。
・10年固定を完済すると、20年固定だけになる。定年以降は年金収入で返済を継続できる程度に元本を減らす。それ以降は繰り上げ返済しない。

今の自己資金にはできるだけ手をつけないために、あえてフルローンとし、借入期間は最長の期間にします。住宅ローンを組める年齢は80歳未満なので、現在54歳ということは、あと25年ですから借入期間は25年とします。

十分な自己資金があるため変動金利で借りるのも可

金利が上がっても、いつでも繰り上げ返済できる十分な自己資金がありますから、変動金利で借りるのもいいと思います。なお、繰り上げ返済には2つのタイプがあります。

☑繰り上げ返済の2つのタイプ

・期間短縮型　：繰り上げ返済によって返済期間を短縮するタイプで、毎月の元利均等返済額はそのまま。
・返済額軽減型：繰り上げ返済によって毎月の元利均等返済額を減らすタイプで、返済期間はそのまま。

定年後は支払を減らして、無理なく返済を継続することを前提にしているので、返済額軽減型を選択します。定年後の返済額は、繰り上げ返済額をいくらにするかで調節できます。ミックスローンの場合は10年固定のほうの残高を全額繰り上げ返済しなければならなかったのですが、変動金利の場合はもっと柔軟に対応できます。

リバースモーゲージという選択肢もある

「リバースモーゲージ」とは、**自宅を担保に融資を受け、存命中は利息だけを払い、死亡後に自宅を処分して元本を返済する仕組み**で、海外では欧米を中心にシニア層の自宅の有効活用法として広く利用されているものです。リバースモーゲージには次の3つのメリットがあります。

☑リバースモーゲージのメリット

①利息を支払うだけで元本は返済不要なので負担が軽い
②融資資金の使途は自由としている金融機関が多い
③契約者が死亡しても配偶者に引き継げる

不動産は「資産」ととらえるのが今の常識ですが、少子高齢化が進行した社会では、使用しなくなった家は銀行に処分させることが、合理的な選択であると思います。

なお、リバースモーゲージの金利は変動金利のみです。優遇金利などはなく、店頭金利（3％弱）がそのまま適用されます。固定金利は選択できません。終了の時期があらかじめ決められないからです。

しかし、元本を返済する必要がないため、今までの住宅ローンの返済よりもかなりのゆとりがあります。

リバースモーゲージの注意点

「**契約者が死亡したあとは配偶者に引き継げる**」のですが、夫婦両方が他界したあとは家を売却して元本を完済することになります。ですから、その家を**子どもたちに相続させることはできません。**

また、借りられる金額は自宅の担保価値が上限です。担保価値は年に1回見直すので、**自宅の担保価値が借入額を下まわった場合は、その部分を1年以内に一括または分割で返済しなければならない**点に注意が必要です。

おわりに　家を買うことの意味

本書を最後まで読んでいただきありがとうございました。

そもそも家を買うとは何か？　多くの人が合理的な答えを持たないままに家を探しています。事実、私もそうでした。

不動産会社のサイトや住宅雑誌、モデルルーム、住宅展示場にあるのは、自分が持っている漠然としたイメージを可視化したもので、いわば大がかりな「広告」です。家を買う前から漠然と持っているイメージの正体は、もしかしたら広告による刷り込みなのかもしれません。

マーケティングを語るうえで重要な格言として、こういうものがあります。

「**客はドリルがほしいのではない、穴がほしいのだ**」

この言葉は売り手に対して発せられているメッセージですが、売り手によって家のイメージを刷り込まれてしまった私たちにとっても有益な言葉だと思います。私たちはドリルがほしいのではなく、穴がほしいのです。これを家の購入に置き換えると、次のようになります。

・ドリルは、目に見える新しい家のイメージや、家そのものです。
・穴は、家を買うことで私たちが手に入れたい「何か」です。

どうしても目に見えるものに注目しがちですが、マイホームを手に入れることで本当にほしいものは何か？　それを手に入れるためにどうすればいいのか？　目に見えるモノより目に見えないことのほうが大事なのです、きっと。

金額も目に見えることです。支払が少なくすむことを「お得」と表現しますが、文字通り得をすることが主眼ではありません。「本当にその家で満足か？」という心の声に耳を傾けてください。

そして、単純に損得だけで判断するのではなく、次の２つを達成できるかという価値判断が最優先されるべきなのです。

・長期間の住宅ローンを完済できる可能性とそのスピードを上げる。
・少子高齢化社会での老後の生活資金をより多く残すことができる。

本書と出会ったあなたが、この2つの価値判断を道標に家の購入と住宅ローンの正しい道を選び、ご家族と素敵な人生を歩まれることを祈っています。

2018年1月吉日

千日太郎

千日太郎（せんにち　たろう　本名：中村岳広）

オフィス千日(同)代表社員、公認会計士。1972年生まれ。神戸商科大学（現在の兵庫県立大学）卒業後、転職と無職時代を経て大阪の監査法人へ入社。「インターネットには住宅ローンについてのまともなサイトがない。だったら自分が書いてやろう!」という野心から、資格も名前も伏せてブロガー千日太郎として「千日のブログ　家と住宅ローンのはてな?に答える」を開始する。関西淡路大震災で住み慣れた家を失ったこと、自分が新築マンションを買った年にリーマンショックが起こった体験、加えて会計士として業界のマネジメントを知り尽くしたうえで編み出した独自のノウハウを出し惜しみなく公開すると、すぐに反響を呼ぶ。翌年には匿名の「ザイ・オンライン」で「千日の住宅ローンの正しい選び方」の連載を開始。さらに、「価値ある情報は誰もが無料で入手できることでさらに価値を増殖させる」という信念のもと、一般の人からの相談を受けつけ、回答をインターネットに公表する「千日の住宅ローン無料相談ドットコム」をはじめる。これも匿名ながら、たしかな分析力と的確なアドバイスに評価が集まり、日々読者からの相談が途絶えることがない。

千日のブログ　家と住宅ローンのはてな?に答える
http://sennich.hatenablog.com/

千日の住宅ローン無料相談ドットコム
https://jutakuloan-muryousoudan.com/

家《いえ》を買《か》うときに「お金《かね》で損《そん》したくない人《ひと》」が読《よ》む本《ほん》

2018年２月10日　初版発行
2019年12月20日　第５刷発行

著　者　千日太郎
発行者　杉本淳一

発行所　株式会社日本実業出版社　東京都新宿区市谷本村町3-29　〒162-0845
大阪市北区西天満６－８－１　〒530-0047

編集部　☎03-3268-5651
営業部　☎03-3268-5161　振　替　00170-1-25349
https://www.njg.co.jp/

印刷・製本／図書印刷

この本の内容についてのお問合せは、書面かFAX（03－3268－0832）にてお願い致します。
落丁・乱丁本は、送料小社負担にて、お取り替え致します。

ISBN 978-4-534-05559-0　Printed in JAPAN

日本実業出版社の本

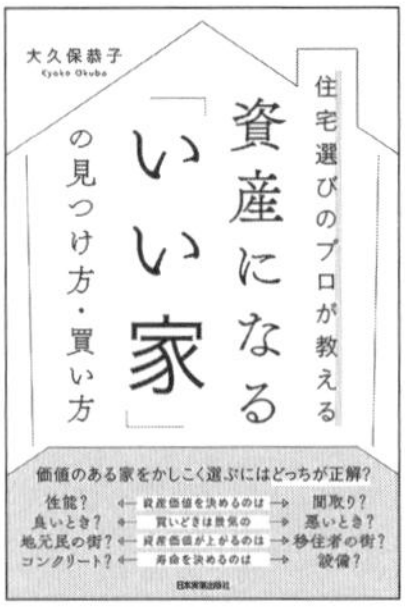

住宅選びのプロが教える

資産になる「いい家」の見つけ方・買い方

大久保恭子
定価本体1500円（税別）

立地、住み心地、設備……数ある家選びのポイントから、「家を資産にする」という視点で解説。「戸建てとマンション、資産価値が高いのはどっち？」など、誰もが悩む質問に住宅選びのプロが答える。

中古マンション本当にかしこい買い方・選び方

針山昌幸
定価本体1400円（税別）

新築志向が強い日本の住宅市場ではあるが、ニーズがにわかに高まっている中古マンションの買い方に特化した本。日本初の不動産売買サイトを立ち上げた著者による中古マンションの買い方のバイブル。

不動産・建築・お金のプロが教える

中古住宅の本当にかしこい買い方

高橋正典
富田和嗣
後藤浩之
定価本体1500円（税別）

不動産屋・一級建築士・ファイナンシャルプランナー、プロ3人が安心・安全な中古住宅の選び方から、リフォーム&リノベーションのノウハウまで、トクする「家」の買い方を教える。

定価変更の場合はご了承ください。